忆

橘子洲大桥
建设始末

周义武 著

湖南大学出版社 · 长沙
HUNAN UNIVERSITY PRESS

谨以本书献给半个世纪前共同奋力修建长沙湘江大桥的朋友们！

长沙橘子洲大桥
☁ 22℃
2019/7/10

作者简介

周义武　1940年出生于四川成都，祖籍江西铅山。1958年高中毕业于重庆市第七中学，1963年毕业于重庆交通学院桥梁与隧道专业。现侨居美国。

曾在湖南大学土木工程系执教三十余年，任系副主任。其中，从1970年10月至1973年2月，参与了长沙湘江大桥(现名"橘子洲大桥")工程从筹建、方案比选、设计、施工到编写《长沙湘江大桥工程技术总结（初稿）》的全过程。其间，担任大桥设计组副组长兼上部结构设计组组长。1986年3月至1987年4月作为访问学者，在瑞典国家公路局学习、交流。

一生遵从父母"老老实实做人，认认真真做事"的教诲，秉承"学而不厌，诲人不倦"的信念，专心从事道路桥梁工程的教学、科研、规划、设计和咨询工作。

自　序

半个世纪以来，无论在国内还是国外，只要看到大桥，或者听到人们谈论大桥，我都会情不自禁地想起长沙湘江大桥（现名"橘子洲大桥"，为便于现在的读者接受，本书书名采用这个法定桥名，但在内文中，为了尊重和缅怀那段历史，仍采用"长沙湘江大桥"这一旧称）。

长沙湘江大桥建成于 1972 年，至今在湘江上"服役"已近 50 年。随着社会的发展和进步，如今，长沙市区湘江两岸已有八桥两隧共十条过江通道。虽然长沙湘江大桥不如后来的跨江大桥"高大上"，但它实现了湘江长沙段跨江桥渡零的突破，承载着长沙人民的百年希冀。它是两代长沙人呕心沥血之作，是长沙人心中不可磨灭的城市记忆，是一个城市文明的符号。

1963 年，刚 23 岁的我，从重庆交通学院毕业后，被分配到湖南大学土木工程系任教。

1970 年，三十而立的我，有幸参加了长沙湘江大桥的建设，历时两年零四个月。

转眼半个世纪过去了，现在我已经是一位年近八旬的老人了。

我这一生有许多值得回忆的事，但我觉得，其中最珍贵、最值得回忆的是参加修建长沙湘江大桥的这一段经历，它也是我最引以为豪的一段经历。

1970 年 10 月至 1973 年 2 月，我参与了长沙湘江大桥的筹建、隧道与桥梁方案比选、桥梁设计和施工,直至编写《长沙湘江大桥工程技术总结(初稿)》的全过程。其间,作为大桥设计组副组长,我多次参加接待由省市领导陪同前来视察大桥建设情况的中央领导同志,并向他们作(工程)介绍。我还作为大桥设计组代表,参加了湖南省工交基建企业政治工作经验交流会议。

在大桥建设期间,我目睹了整个大桥的建设过程,亲身体验了工程设计人员在当时艰苦条件下工作的艰辛,看到了施工人员的勇敢、勤劳和智慧,以及全市人民参与大桥建设的无私奉献和极大的热情。同时,我也深深感慨于当时省市党政军和大桥指挥部首长的正确领导,以及他们敢于承担责任、尊重知识、重视知识分子的态度。

每当想到这些,我脑海里便呈现出当年热火朝天的建设情景,一幕又一幕……其中许多以文字或图片的形式留存在我保留至今的工作日记和资料中。

多年来,我一直想把自己珍藏数十年的有关长沙湘江大桥的资料(包括各种照片、工作日记和《长沙湘江大桥工程技术总结(初稿)》等)捐赠给有关部门。同时,一种使命感也一直催促着我整理和撰写那段历史。然而,因内容太多,自己精力又有限,故写写停停,迟迟未能成稿,写书也就成了我的一桩心事。

2017年仲夏的一日,妻弟季梅微信告知,长沙正在举办一个老照片、老物件的征集活动。得知这个信息时,我非常高兴,心想期待多年的时机终于来到了。同年11月,我和妻子叔梅返回了长沙。

在长沙逗留的日子里,我曾先后接受了多家媒体的采访,还多次受邀录制口述大桥建设过程的节目。我意识到现在的社会越来越尊重历史,这是社会文明进步的表现。更何况,长沙市是全国首批历史文化名城,而湘江大桥也已被列入长沙市第三批历史建筑名单。

尤其令我始料未及的是,长沙湘江大桥当年最初的地下隧道方案,竟然引起了人们极大的兴趣和关注。夺人眼球的标题见诸报端,我感到十分惊讶。我原以为有着近50年桥龄的湘江大桥早已淡出了人们的视线,没想到这些陈年往事还会引起如此广泛的关注。

返回美国之后，我开始抓紧时间整理资料和撰写书稿。尤其是想到这次回国后，得知一些一起共建湘江大桥的老同事或因身体原因不能接受采访，或已离去，我格外惆怅。因此，我越发觉得要珍惜余生的光阴。

今天，作为全程参与湘江大桥建设工程的为数不多的人中的一个，我一定要用文字还原这段历史，并把它献给长沙这座城和在此生活着的人们！献给曾经共同战斗在长沙湘江大桥建设工程中的朋友们！

2019 年春于美国加州

前　言

记住乡愁，铭记时代的印记。

本书以长沙湘江大桥工程建设的重要时间节点为顺序，以作者保存的建桥历史资料为基础，用八个篇章，充分反映了当年长沙湘江大桥从筹建、隧道与桥梁方案比选、桥梁设计和施工，直至编写《长沙湘江大桥工程技术总结（初稿）》的全过程，深入展示了长沙湘江大桥艰苦卓绝的建设历程。

除了对大桥工程建设细节的回顾外，本书同时记载了湖南省，尤其是长沙市人民围绕大桥修建的情感和记忆，真实记录了当代大桥建设者以及城市人民的家乡情怀和奉献精神。

一、几个基本点

作者撰写本书时，立于：

一个基础

本书以作者在参加长沙湘江大桥工程建设的 800 多个日日夜夜所留下的八本工作日记、由作者主持编写的《长沙湘江大桥工程技术总结（初稿）》及收集的资料等（图0-0-1）为基础，并结合作者至今难以忘怀的人与事作为书写的基本素材。

图 0-0-1 作者 1970 年 10 月至 1973 年 2 月在参加长沙湘江大桥工程建设期间留下的八本日记（含照片）、编写的《长沙湘江大桥工程技术总结（初稿）》及收集的资料等。

两条基线

本书以大桥建设过程为主线，以当时的社会民生及家庭生活为辅线进行叙述。

三个基本原则

第一个原则：实事求是。

本书以作者当时记录的资料为依据，实事求是地叙述，不夸大，不遮蔽，尽量客观地反映当年的工程建设过程，以及参与者的状态。以个人的视角回看50年前的那段时光，不全面之处实难避免，不当之处还请批评指正。本书中的老照片多由大桥工程指挥部拍摄，是作者在当年主持编写工程总结（初稿）时收集整理的，其中作者对有些照片还做了图注。秉着真实反映当时历史原貌的初衷，本书图片（含图注）均以原貌保留。

第二个原则：负责任的态度。

时间已过半个世纪，当年的工作日记或有不全之处，尤其是涉及一些参与者的姓名、职务等，因现已难以查证、比对，如有错漏之处敬请当事人及其亲属原谅。如有再版机会，定将予以更正。

第三个原则：适当灵活地选择内容。

本书虽然以实际工程项目为主要内容，但它并不是一本严格意义上的工程总结书。因此，在选材上，本书并不拘泥于描述具体工程项目的全貌和建设过程，仅仅突出有特色的事件和有代表性的内容。

二、长沙湘江大桥工程建设大事记

1970 年 5 月，交通部正式下发批复文件，同意湖南省修建长沙湘江大桥。"长沙湘江大桥工程筹建委员会"随即成立。

1970 年 9 月 3 日，长沙市革命委员会政治部向全市各有关单位下发借调干部文件。各单位积极支持并派人员参加筹建工作。

1970 年 11 月 12 日，在筹委会的基础上，正式成立"长沙湘江大桥工程指挥部"。按初定计划，大桥按水下隧道方案进行设计。以湖南省水电设计院为主体组成设计组。

1970 年 12 月 12 日，经省市委领导批示，改深埋隧道方案为浅埋隧道方案。

1971 年 5 月 19 日，省委批示，长沙湘江大桥由水下隧道方案改为水上桥梁方案。并明确要求，大桥在一年内建成，总投资必须少于 2000 万元。为此，"长沙湘江大桥工程指挥部"扩编为"长沙湘江大桥建设指挥部"，并成立多个分指挥部（所）。以湖南路桥公司测设大队为主体重组设计组。

1971 年 8 月，完成大桥初步设计文件的编制。

1971 年 9 月 6 日，隆重举行"长沙湘江大桥修建开工典礼"。

1971 年 9 月 20 日至 23 日，大桥指挥部召开"长沙湘江大桥工程'三结合'设计审查会"。大桥设计文件通过审批。

1972年3月，大桥河中桥墩全部高出湘江水面，为确保大桥一年建成奠定了坚实的基础。

1972年9月，遵照长沙市委指示，大桥指挥部下设的"八一路跨线桥工程指挥部"正式成立。

1972年9月30日，隆重举行"长沙湘江大桥通车典礼"。

1973年，八一路跨线桥动工建设。

1975年，八一路跨线桥建成通车。

2000年，"长沙湘江大桥"被改称为"长沙湘江一桥"。

2006年1月12日，长沙市政府在地名命名通报会上宣布，"长沙湘江一桥"正式更名为"橘子洲大桥"。

2017年12月5日，长沙市住建委公布，"橘子洲大桥"和"长沙市八一路跨线桥"均被列入长沙市第三批历史建筑名单。

著者

2019年春

目
录

第八章　**落成：百年梦，终成真**

第一章／概言：一座城，一座桥

长沙湘江大桥诞生记

湘江是长沙的血脉。岳麓山是长沙的脊梁。

在湘江上修一座桥曾是长沙人民的百年梦想！

长沙的河东与河西，被自南向北浩荡而去的湘江隔断。过去，人、车过渡的主要交通工具是小木船和轮渡。

长沙人民渴望在湘江上修建一座大桥的梦想已远远超过百年。20世纪60年代，在时任中共中央中南局第一书记陶铸的支持下，湖南省委再次向中央提交了修建长沙湘江大桥的报告。

直到1970年5月，交通部正式向湖南省下发了同意修建长沙湘江大桥的批复文件。消息传来，三湘大地如沐春风，长沙市民奔走相告，欢欣鼓舞——多年的愿望将要实现了。

遵照当时湖南省委和省革命委员会（以下简称"革委会"）的指示，当月，长沙市革委会政治部就成立了"长沙湘江大桥工程筹建委员会"（以下简称"筹委会"）。

1970 年 9 月 3 日，长沙市革委会政治部正式向全市有关机关、院校和建筑、设计、施工单位下发借调文件，在筹委会之下设置了筹建办公室，并分设了政工组、后勤组和设计组。我们湖南大学的四位同志有幸被选入筹建办（设计组），按照相关要求，10 月初就要参加大桥的筹建工作。

1970 年 11 月 12 日，根据省市委的指示，在原筹委会的基础上，正式组建"长沙湘江大桥工程指挥部"，人员编制60 人。指挥部下设政工组、行政秘书组和以湖南省水电设计院为主体，湖南大学、长沙铁道学院等十几个单位的技术人员、老工人、干部等 40 多人组成的设计组。

当时，由于湖南省是战略后方，按照"平战结合"的指示精神，大桥设计优先采用水下隧道方案。同时，考虑到与长沙市区人防工程相结合，并连成一个整体，故采用加深埋入湘江水下基岩中的深埋隧道方案。

通过一个月的方案比选，鉴于隧道埋深太大，隧道长达5 ~ 6 公里，建设工期长，造价高，工程难度大，加之进出洞口离市区较远，使用极不方便。因此，1970 年 12 月 12 日，省市委领导批示，改深埋隧道方案为浅埋隧道方案。这样，隧道长度可以缩减至 3 ~ 4 公里。对此，设计组又深入调查研究，重新拟定了浅埋隧道方案，及时完成了隧道方案的初步设计文件的编制并上报省委。

1971 年 5 月 19 日，省委批示：考虑到采用水下隧道方案使大桥工程结构更复杂——隧道长度长，造价高，工期长，而目前主要应该解决的是交通问题，所以为了早日满足广大群众的需求，经慎重研究后决定，将水下隧道方案改为水上桥梁方案。

批示明确要求，大桥在一年内建成，总投资必须少于2000万元。

遵照省委的批示，为保证大桥工程早日动工建设，指挥部立即重新调整机构和增加人员，即将原有的政工组、后勤组和设计组扩建为政治宣传部、后勤部和工程部，并重新组建以湖南路桥公司测设大队为主体，湖南大学、长沙铁道学院等十多个单位的60多名技术人员、工人和干部组成的设计组。

同时，为了适应大桥工程建设发展的需要，指挥部又及时成立了四个分指挥部（所）：以负责完成主桥下部结构工程为主的第一分指挥部，以负责完成主桥上部结构工程和主桥河东引桥、橘子洲支桥为主的第二分指挥部，再加上负责专项工程的吊装分指挥所和路面工程分指挥所。

在大桥指挥部的统一领导下，大桥设计组全体人员日夜奋战，终于在1971年8月完成了大桥的初步设计文件的编制。

1971年9月6日，湖南省委和长沙市委在长沙湘江大桥的桥头施工现场举行了极其隆重的"长沙湘江大桥修建开工典礼"。

因为当年大桥建设采用的是"边设计边施工"的方式，所以在大桥工程正式动工以后，设计和施工的压力都非常大，但在全国和全省人民的支持下，在参加大桥建设的1万余名建桥指战员（约182万个工日）和近20万名长沙市义务劳动者（约80万个工日）的共同奋战下，长沙湘江大桥终于在1972年9月修建完成。

1972年9月30日，在长沙市隆重举行了有2万多名群众参加的"长沙湘江大桥通车典礼"。长沙人民为实现了百

（a）

（b）

图 1-1-1 （a）2019 年作者与妻子在长沙湘江大桥铭牌处的留影。（b）长沙湘江大桥铭牌。

年梦想而载歌载舞，隆重庆祝大桥的胜利建成。石刻的"长沙湘江大桥"的铭牌（图 1-1-1）也永远地镶嵌在长沙湘江大桥河东引桥的桥墩上。

长沙湘江大桥的建成，把长沙的河东与河西，甚至把长沙与滨湖及湘西等广大地区更加紧密地联系了起来，方便了群众生活，使长沙这座充满文化魅力和发展活力的城市得到了迅速的发展，使城市交通环境得到了极大的改善。同时，大桥的建成对加速湖南省城乡社会发展和促进工农业生产都起到了十分重要的作用。

随着交通需求的迅猛增长，在长沙湘江大桥通车 15 年以后，长沙第二座跨湘江的大桥（北大桥，又名银盆岭大桥）于 1987 年 9 月 29 日动工修建，并于 1991 年 1 月正式建成通车。2000 年，长沙南大桥（又名猴子石大桥）建成通车。其后，

"长沙湘江大桥"被改称为"长沙湘江一桥"。

这之后的短短几年，在长沙市区范围内又建成了多座大桥。但是，这些承载着长沙湘江两岸交通使命的大桥，却一直没有一个法定的桥名。直到 2005 年 4 月，长沙市民政局和长沙市地名委员会向市民征集 42 座桥梁名称，并于 2006 年 1 月 12 日宣布，"长沙湘江一桥"正式更名为"橘子洲大桥"。这个响亮的名字，源于著名的橘子洲，寓意"橘洲飞虹"，体现湖湘文化，也符合长沙市源远流长的风土人情。

从最初的"长沙湘江大桥"，到"长沙湘江一桥"，再到今天的"长沙橘子洲大桥"，尽管桥名随着时代的变迁一再更改，但作为长沙湘江上第一条过江通道，长沙湘江大桥在长沙人民心中始终有着独特的位置，而且，它至今仍是利用率最高的过江通道。直到今天，只要一提到长沙湘江大桥，长沙人首先想到的一定是这座举当时长沙全市乃至湖南全省之力建成的大桥。它早已融入长沙人的血液里，扎根在长沙人的心底。它是长沙人民心中的"外婆桥"。

长沙湘江大桥工程全貌

　　长沙湘江大桥是我国至今规模最大的一座多跨连续的大跨径城市双曲拱桥。大桥桥型秀丽美观（图1-2-1）。

　　大桥位于长沙市区内，从市区湘江东岸中心的主要干道五一路，跨越橘子洲，向西延伸到岳麓山下的溁湾镇（图1-2-2）。

　　长沙湘江大桥主桥共21孔，全长1250米。其中，正桥长1156米，东河段［图1-2-3（a）］和西河段［图1-2-3（b）］跨径分别为8孔76米和9孔50米。河东岸引桥长94米，跨径分别为18米、20米、23米和27米［图1-2-3（c）］，另外加引道长104米，全长为198米。河西岸引道长283米（至溁左路中心交点），另外加河西公路改建715米（溁左路至长宁路中心）。

　　长沙湘江大桥橘子洲支桥［图1-2-3（d）］是主桥在橘子洲8号墩的南侧、向橘子洲洲头方向延伸的一座10孔双曲拱桥，跨径分别为6孔30米和4孔20米。桥梁长282米，

图 1-2-1 历经一年时间的紧张施工，1972 年 9 月 30 日，长沙湘江大桥正式建成通车。它是长沙市区的第一条跨江桥渡。

另加引道长 141 米，全长 423 米。

长沙湘江大桥主桥的正桥全宽 20 米，其中车行道宽 14 米，两侧人行道各宽 3 米。橘子洲支桥全宽 8 米，其中车行道宽 6 米，两侧人行道各宽 1 米（不包括栏杆）。

在长沙湘江大桥桥位处，湘江属三级航道标准。当时，为了保证船舶通航的安全，满足航运部门的要求，长沙湘江大桥的通航按照国家二级航道标准设计。当设计通航水位（高于沿江大道 0.5 米）时，设计通航桥孔（东河段第六孔）仍可允许 2000 吨船只通行。而东边河段的第二孔至第七孔可以分别满足不同水位船只通航的要求。

长沙湘江大桥主桥及橘子洲支桥的上部结构形式都是钢筋混凝土双曲拱（无铰拱或两铰拱结构）。主桥设计荷载按国家当时的最高标准：汽车 -20 级，拖挂车 -100 级，两边人行道荷载 350 千克每平方米。人行道采用钢筋混凝土悬臂

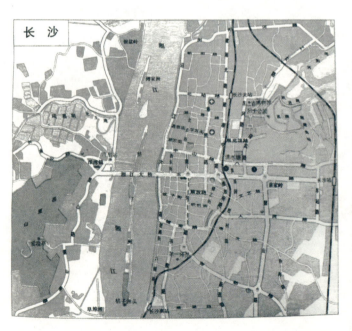

图 1-2-2 长沙湘江大桥桥位平面示意图（来自 1988 年中国地图出版社出版的《中国分省公路交通地图册》）。

（a）

式结构。支桥设计荷载为汽车 -10 级。

长沙湘江大桥下部结构工程

大桥共有 33 个桥墩（台），其中主桥 18 个，河东引桥 5 个，橘子洲支桥 10 个。

在主桥的 18 个桥墩（台）中，河东岸为 0 号桥台，河西岸为 17 号桥台。橘子洲支桥与主桥连接处的是 8 号墩。其中，大河段 4 号墩、8 号墩及小河段 13 号墩为制动墩，其余 13 个都是普通墩。

长沙湘江大桥的施工方法

主桥上部结构采用了长沙湘江大桥工程技术人员自主创新的双跨连续无支架缆索吊装施工方法架设。而河东引桥及橘子洲支桥都是采用满堂支架方式修建的。

根据桥位处的水文、地质情况以及施工设备的条件，正桥基础分别采用钢板桩围堰明挖扩大基础、草袋围堰明挖扩大基础和沉井基础三种基本形式（图1-2-4）。

主桥河东岸引桥 5 个墩（台），分别采用钻孔灌注桩基础和挖孔灌注桩基础两种基本方式。正桥和引桥的墩台基础都直接嵌入红砂岩或者钙质砂质页岩的基岩中。橘子洲支桥的 10 个墩（台）全部为沉井基础，奠基在地面以下约 9 米的砂砾石层上。

在选择主桥基础施工方案的时候，尽量结合大桥当时的

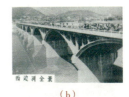

（b）

（c）

（d）

图 1-2-3　建成后的长沙湘江大桥［（a）河东主桥，（b）河西主桥，（c）河东引桥，（d）橘子洲支桥］。

（a）围堰明挖

（b）钢板桩围堰明挖

（c）就地制作沉井

图 1-2-4 在工作日记中，作者手绘的有关大桥基础类型的示意图。扩大基础［（a）围堰明挖，（b）钢板桩围堰明挖］，沉井基础［（c）就地制作沉井，筑岛沉井］，（d）钻孔灌注桩基础。

（d）钻孔灌注桩基础

施工材料、设备和人员的情况，采用"土洋结合"的办法，以加快施工进度。

大桥的1号墩至3号墩位于湘江东岸大河段的深水位主河道，施工时水深4～8米，因此只能采用浮箱作内撑的钢板桩围堰方案施工，即用钢浮箱分别组成12米×23米（用于1号墩和3号墩）和10.8米×21.6米（用于2号墩）方框浮船，抛锚定位以后，在浮船外围插打一排钢板桩。然后用吸泥机和冲击式钻头先后在围堰内吸泥以及进行水下大面积凿岩。又以高压射水冲刷碎岩石，并将其吸出围堰外。最后由潜水员凿岩修边，清基。至此，基坑清理完毕。当基坑尺寸和标高符合设计要求以后，再浇筑水下混凝土基础。当水下混凝土基础强度达到设计要求以后，便将围堰内的水抽干，清除水下混凝土表面的浮浆层，再在基坑内继续完成墩身基础和墩身混凝土工程施工。与传统施工方法相比，这种施工方法不但节省了大量的器材设备，而且减少了工序，大大加快了施工进度。

由于在湘江枯水期施工，这时除主河道以外，其他施工段的水深仅有1～2米。为了加快施工进度，西岸小河段则采用草袋围堰明挖方法施工，即利用草袋围堰围水，抽水以后人工清除砂砾石或淤泥覆盖层。当时，为了加快进度，还在围堰内用铲土机铲运坑内砂卵石至岸边，然后进行人工搬运、清理，这样就能够充分发挥人海战术的巨大作用，加快清理基坑。基坑内岩层表面清理干净以后，先进行基层混凝土浇筑，然后再在上面进行墩（台）的施工。因为大桥基础采用了多种方法施工，所以长沙湘江大桥主桥18个墩（台）才能够在一个枯水期全部建成，这也就为大桥一年建成提供了基本的保证。

双曲拱桥

当年，长沙湘江大桥为什么要采用双曲拱桥这样的结构形式呢？

在这里我首先简单介绍一下拱桥。拱桥和其他形式的桥梁一样，也是由上部结构（桥跨结构）和下部结构（桥梁墩台）两大部分组成（图1-3-1）。

拱桥的上部结构由主拱圈及拱上建筑构成。主拱圈是拱桥的主要承重结构。因为主拱圈是曲线形的，车辆无法在曲面上行驶，所以在桥面系与主拱圈之间，需要设置拱上结构。直接供行人和车辆通行的桥面系包括车行道、人行道和两外侧的栏杆等。

拱桥的下部结构由桥墩、桥台和基础组成，用以支撑桥跨结构，同时将桥跨结构的荷载传到地基，并与两岸路堤相连接。

双曲拱桥与其他形式拱桥的主要区别就在于主拱圈的构造形式。当站在远处看时，你会觉得它的外形与一般的砖、

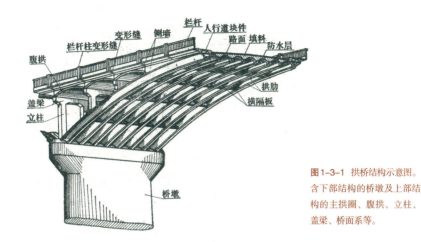

栏杆 人行道块件
变形缝 侧墙 栏杆 路面 填料
栏杆柱变形缝 防水层
腹拱
拱肋
盖梁 横隔板
立柱

桥墩

图1-3-1 拱桥结构示意图。
含下部结构的桥墩及上部结
构的主拱圈、腹拱、立柱、
盖梁、桥面系等。

石拱桥好像没有什么不同，但当站在桥孔下面向上看时，你
就会发现两者完全不同。

　　首先，从外形上看，普通拱桥的主拱圈在顺桥向是曲线
形的（一般为圆弧形），在横桥向却是平直形的。而双曲拱
桥主拱圈，在顺桥向和横桥向都是曲线形的，因此称为双曲
拱（图1-3-2）。就像自行车的挡泥板那样，两个方向都是
弯曲的，这样，它的受力性能就大大改善了。

　　其次，从结构上看，普通拱桥的主拱圈横断面是一个矩
形，通常称为板拱。而双曲拱桥的主拱圈就复杂了，它由拱
肋、拱波、填平层、拱板和横系梁（横隔板）组成。在施工时，
可以采用"化整为零"的方法，将主拱圈按先后顺序进行施
工，再以"集零为整"的组合结构承重。因此，与其他类型
的拱桥比较，双曲拱桥就有其独特的施工优点。

　　在修建普通的砖、石拱桥时，需要大量木材或钢材做支
架，而修建双曲拱桥，可以把预制的拱肋作为临时支架，在

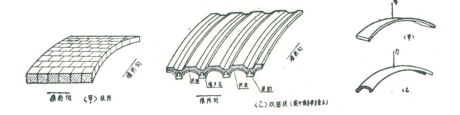

图 1-3-2 板拱、双曲拱桥
在横桥向与顺桥向的视觉差
异示意图。

拱肋上安砌预制的拱波，再现场浇筑填平层及拱板混凝土，
以此分期完成全部主拱圈，这样就可以少用或者不用木支架，
从而大大节省木材。一般情况下，与普通的砖、石拱桥相比，
同跨径的双曲拱桥可节省 50% ～ 60% 的木材；与钢筋混凝
土梁桥相比，可以节省 70% ～ 80% 的钢材和 20% 的木材。
同时，双曲拱桥的施工方法可以采取"土洋结合"的方式，
且易被群众掌握。

　　双曲拱桥是 1964 年江苏省无锡市的桥梁科技人员首创的
一种新桥梁形式。它具有造价低、材料省、施工工艺简单、桥
型美观、跨径适用范围广等优点，因此很快在全国得到了推广。

　　1971 年，我国公路通车里程约 67 万多公里，是新中国
成立初期的 8 倍多。这时，全国 17 个省市已建双曲拱桥约
3300 余座，总长度约 19.3 万米。由于广泛修建双曲拱桥，
我国的桥梁总长度达到了 230 万米，其中永久性桥梁占比由
过去的 50% 提高到了 80%。

　　但是，据当年统计，全国还有 40 多万米的木桥，800
多个渡口，其中湖南省就有 71 个渡口急需"改渡为桥"。而且，
据说在全国紧临江河的省会城市中，只有湖南省省会长沙市
内没有一座跨江大桥了。

　　在我国经济相当落后的 20 世纪 60 至 70 年代，双曲拱
桥对推动公路桥梁建设起到了不可估量的作用。正如著名桥

梁专家茅以升先生所说，"除赵州桥外，双曲拱桥是中国桥梁史上又一个奇迹"。当时，在双曲拱桥的修建和研究方面，湖南也一直走在全国同行的前列。所建双曲拱桥不仅数量越来越多，跨径也越来越大，施工工艺也越来越先进。正是这些孕育日久的技术力量，催生了长沙湘江大桥的诞生！

现在，随着我国经济迅猛发展，新型载重汽车日益增多，交通量迅猛增加，造桥技术极大提高，加之新材料的投入使用，双曲拱桥也就逐渐被先进的现代化桥梁所替代，昔日的英雄逐渐完成了它的历史使命。许多年久失修的双曲拱桥因不再适应繁重的交通需求而被淘汰，今后我国也不必再修建这类双曲拱桥了。

长沙湘江大桥是长沙城市发展的里程碑，它拉开了长沙市跨江建设的序幕。通车近半个世纪，长沙湘江大桥现在的交通量已超过设计交通量的 20 倍。它经受住了长沙市经济高速发展对交通的需求，以及数次特大洪水和风雪的考验。它是我国至今规模最大、保存完好且一直在服务的一座大型双曲拱桥，并在 2017 年被列入长沙市第三批历史建筑名单（图 1-3-3）。

图 1-3-3　2017 年 12 月，长沙湘江大桥被列入长沙市第三批历史建筑名单。"长沙市历史建筑"铭牌镶嵌在大桥河东 0 号桥台上。

百年夙愿：
"一江两岸，自由往来"

多少年来，祖祖辈辈的长沙人都盼望有一座桥梁能横跨湘江东西两岸，让湘江天堑变通途。只是，一次次地希望，又一次次地失望。如今我们细细回顾长沙人有关"桥"的百年追梦史，不禁感慨万千。

远自清光绪二年（1876年），清政府曾派出湘籍官员郭嵩焘去英国、法国任外交使臣。他在清光绪五年（1879年）回湖南之前的几年里，多次往来于英国的泰晤士河和法国的塞纳河上。在日记里，郭嵩焘曾流露出想效仿英法，在家乡长沙的湘江上修建一座铁桥的想法。

郭嵩焘可以被视为近代历史上明确提出建设湘江大桥的第一人。当然，在那时的历史条件下，建造一座铁桥谈何容易，这只能是一个美好的愿望而已。

1912年11月11日，辛亥革命元勋黄兴回到了长沙。在湖南十团体联合欢迎会上，他提出了建设"新湖南"的计划。黄兴提出，长沙市区要"东西相连，北扩东拓，一江两岸"，

"从长沙城区往橘子洲、岳麓山和溁湾市一带建一铁桥"（出自《选择长沙》）以方便往来。然而，因当时国力羸弱，直至三年后黄兴逝世，"一江两岸，自由往来"的设想终究未能如愿。

在民国时期，长沙还有过多次拟订修建湘江大桥的计划。

1921 年，长沙市政公所编写了《长沙市政计划书》，该书共分为 13 章，"交通章"中谈到，计划在全市建设电车道与铁路相交的立交桥 8 座，跨越湘江的铁桥 3 座，计划实施期限为 10 年。最后，这也只是另一个令人期盼而又难以实现的良好愿望。

时间推进到 1932 年和 1941 年，长沙市又曾两次精心编撰了《长沙市政府新市区计划书》，其中第七章是"湘江交通计划"。第一节便是湘江桥渡计划，但终因时局动乱，计划只得再次搁浅。

其间，1937 年虽然曾在湘江橘子洲及大河河岸处树立起铁塔开始建设湘江铁桥，但其因施工中拉索绊翻夜行船只而被迫停工。随后"七七事变"爆发，全国抗日战事如火如荼，不用说修建大型的城建项目，就算是保住已有的设施都成了奢望。

尤其是随着战火的蔓延，由战略后方转变为抗战前沿的长沙，经历了"文夕大火"，以及三次长沙会战和长衡会战，城市饱受战争的摧残，遭受了毁灭性的打击。长沙甚至成为第二次世界大战期间被毁坏最严重的城市之一，其受损程度看齐斯大林格勒（今伏尔加格勒）、广岛、长崎。

即使修了湘江大桥，当时它也未必能够在战争中幸免于难。

这让人不由得想起中国近代著名的桥梁专家茅以升和他

图1-4-1　1937年9月26日，历时三年的建设，钱塘江大桥建成通车（铁路桥通车，公路桥于当年11月17日通车）。同年12月23日，为阻止日军南侵，钱塘江大桥被我方自行炸毁。后经多次修复，直至1953年，大桥全面修复完成。（图来自网络）

设计建造的钱塘江大桥（图1-4-1）。

　　在抗战初期，为了抵挡日军部队的进攻，茅老不惜亲自参与策划，以壮士断腕的气概，炸掉了自己亲手设计、修建的大桥，还赋诗一首以明心志：

　　　　斗地风云突变色，
　　　　炸桥挥泪断通途。
　　　　五行缺火真来火，
　　　　不复原桥不丈夫。

　　这是中国知识分子何等悲壮而又无奈之举啊！

　　到了近代，中国的知识分子不再是百无一用的书生，即使不弃笔从戎，也可以保家卫国。桥也不再像旧时那样，只是才子佳人美丽浪漫故事的载体，也是历史变迁和民族沧桑的载体。桥的意义，从此变得更深沉，变得更厚重了。

新中国成立后，20世纪50年代末，为了修建湘黔铁路，在原长沙火车南站附近的猴子石曾开始着手修建猴子石铁路大桥。虽然它仅仅是一座铁路桥，不允许汽车和行人通行，但毕竟是在长沙修建的第一座湘江（铁路）大桥。这个消息再次点燃了大家在湘江上建大桥的希望。大家期盼着：既然长沙有了第一座湘江大桥，就一定会有第二座、第三座……可惜的是，最后只有几个桥墩冒出水面，大桥工程就因故停工了，令人遗憾！

　　1961年，在湖南省湘潭市内，湘潭湘江大桥建成通车了，它是在湘江下游段建成的第一座城市公路大桥。这真是令长沙人民羡慕不已。该桥当年在国内桥梁工程界颇有影响，是一座在修建过程中曾经得到苏联专家组帮助的颇具特色的8孔60米的钢筋混凝土拱桥。当年我在湖南大学土木工程系教授"桥梁工程"课程时，为增加同学们对大桥的感性认识，曾将它作为桥梁认识实习课程的重点项目之一。对这座桥，同学们赞叹不已。同时，大家更加迫切地希望在省会长沙也能修一座跨越湘江的长沙湘江大桥！

　　1965年，陶铸到长沙视察工作。在来往于岳麓山的途中，陶铸听人介绍说，过河的车辆和行人常常在五一路上排起长龙，这条长龙有时达一两公里。陶铸当即向陪同视察工作的省委领导同志建议："你们也应该抓紧时间在长沙修一座湘江大桥。"

　　不过，当年要在长沙市建设这样大型的工程项目，最缺的就是钱。据当时的工程估算，建设大桥的资金需要1600万元左右。陶铸当场拍板，如果长沙建大桥，中南局可以资助一半——800万，其余部分由湖南省自筹。当时的湖南省委书记张平化立即开始想办法筹集建桥资金。

可惜的是，希望的火苗刚刚燃起，1966年，"文化大革命"不期而至，国民经济发展停滞，大型基础设施建设骤然停止，长沙人民望眼欲穿的湘江大桥成了奢望，修建大桥的梦想又一次破灭了。

1968年，长沙市有关部门为了方便橘子洲上企业的生产和运输，以及洲上居民的出行，就在橘子洲和湘江西岸溁湾镇之间修建了一座湘江橘子洲便桥。该桥全长441米，宽5米。

当时受到经费的限制，未考虑湘江小河段的通航要求，因此，该桥梁的跨径和桥高都很小。洪水期间，桥面均被洪水淹没，不仅阻碍排洪、泄洪，而且常给桥面行人带来危险，因此该桥经常被限制使用（该桥在长沙湘江大桥建成后，已于2003年拆除）。

这以后，湘江两岸的人和车依然只能靠轮渡过江。

1970年3月的一天，一件令人扼腕的事故发生了。那天，位于湘江西岸的长沙市第四医院的一辆救护车，准备将患有急症的病人转院至河东市区的医院就诊，车上随行的还有陪同的家属。当汽车轮渡行至江中时，因救护车司机和轮渡安全员的疏忽，救护车突然滑入水中，即时救援无果。一家人，三个鲜活的生命，瞬间殒命。这个悲剧重新激发了长沙人民对于桥的渴望。湘江之上要是有一座四季畅行、风雨无阻的桥，这样的悲剧就绝对不会发生。而这件事就发生在湘江大桥被批准立项的前两个月。

当年，为了尽快使长沙市区湘江两岸的革命纪念地连在一起，方便群众从长沙去韶山不再需要等船过渡，也为了使湘江两岸的交通畅通，从而加速两岸物流和建设的步伐，在南京长江大桥成功通车后不久，湖南省委领导敏锐地抓住了这一大好时机，再一次向中央提出修建长沙湘江大桥的请求。

1970年5月，这个请求终于得到了国家交通部的正式批复——同意修建长沙湘江大桥。这个消息很快传开，大家都非常激动。长沙人民修建长沙湘江大桥的百年期盼终于要实现了。回顾过往，不免让人心生唏嘘！

第二章 / 筹建：心系重托

欣然受命建大桥

那是 1970 年的 9 月，湖南大学校园内到处洋溢着迎接国庆节的欢乐气氛，各系师生都在做迎接国庆节的准备工作。

国庆节前的一天，我接到系领导的通知，要我第二天上午和同系的三位老师去系里开会，说有重要的任务交给我们。

第二天上午，我按时到了系办公室，见到我们系的另外三位老师：施工教研室的程翔云老师、给水排水教研室的王国生老师和建筑学教研室的李继生老师。我们虽然任教的专业不一样，但彼此都认识。我们相互点头微笑，打了招呼，然后各自落座静候。这时大家可能都在暗自思量：这样的人员组合将要去完成什么任务？

片刻后，校军宣队和工宣队的同志来了，郑重地向我们传达了长沙市革委会转发的湖南省革委会的通知：要求长沙市立即组织长沙湘江大桥的筹建工作，现已正式成立"长沙湘江大桥工程筹建委员会"，要求湖南大学指派相关人员参加此项筹建工作。

校军代表进一步说明，目前已通过学校审批，指定土木工程系我们四人去参加大桥的筹备工作，并进一步明确指出：第一，这个任务非常光荣，非常重要，希望我们好好把这项任务完成；第二，这项任务的时间很紧，要求我们过了国庆节就去大桥筹建办公室报到；第三，按通知要求，为了确保在大桥工作期间能集中精力，要求我们在大桥工作期间，必须脱产参与大桥的筹建工作，全力以赴地完成各项任务。

当时听完校军代表的话，我内心的激动和兴奋，真可以说是难以言喻！桥梁隧道是我的专业，对于桥，我始终怀着一颗赤子之心。桥梁也贯穿了我十余年的学习和职业生涯。1958年从重庆市七中高中毕业时，受前一年建成通车的武汉长江大桥的影响，我报考了成都工学院土木系"桥梁与隧道"专业，并如愿被录取（图2-1-1）。

图 2-1-1 作者（左）1958年与同学仲文熙在成都工学院校门处留影。

1960 年教育部在全国范围内进行院系调整，成都工学院土木系和重庆交通学院合并作为交通部直属院校，交由交通部直接领导。所以在 1961 年夏季，我们全系师生就从成都迁到了重庆继续学习，直到 1963 年从重庆交通学院毕业（5年制本科）。经国家统一分配，我来到湖南大学土木工程系道路桥梁教研室任教。

作为一名桥梁教师，我主要担任的是湖南大学"公路与城市道路"专业的桥梁课程教学任务。有机会参加长沙湘江大桥工程的筹建工作，是我一直以来梦寐以求的事！一来可以学以致用二来可以锻炼和提升自己，虽然 1965 年初我曾在湖南湘西主持设计过一座一百多米长的大桥和几座中小桥，并于一年内顺利建成通车，但是，我一直渴望有更大型的项目让我去承担；二来长沙终于将有自己的湘江大桥了，作为一个长沙市民，我可以亲自参与其中，这是件多么有意义的事情啊！

时间非常紧迫，我必须马上做好各方面的准备，同时也需要安顿好家里的事情，让自己少些牵挂。

和我校许多中青年教职工一样，当时我和妻子分居两地。我妻子叔梅从湖南大学土木工程系毕业后，被分配到广西交通厅工程队工作，常年在外出差，每年仅有 12 天探亲假。妻子在预产期将至时，从中越边境德堡工地回到湖大，我母亲也同时从重庆远道而来，照顾妻子坐月子，带月娃。

当年，学校教职工的生活条件都是比较差的，我们这些家属不在学校的青年教工更是艰苦。当时，我们祖孙四人挤住在湖大麓山门单身教工宿舍楼内一间只有十多平方米的房里，没有厨房，厕所也是公用的。

因为我们当时都是集体户口，没有煤票，没办法购买煤球或蜂窝煤，而楼道内又不容许生火做饭，所以只能使用自制的煤油炉在室内做一点最简单的饭菜，仅供果腹而已。

后来，妻子娘家大哥在城里家中为我们做了一些蜂窝煤，我每个星期坐船过河去挑一担回来，这样我们的煤油炉才换成了煤炉。每次见我挑煤回来，老母亲总是高兴不已："好！好！好！这样一来母女俩都能有一碗热汤喝了。"

条件艰苦归艰苦，但对于全家人而言，这个充满奶香味的蜗居仍是非常温馨的。因为这是家，上有老，下有小。一家人都非常珍惜这短暂的团聚时光（图 2-1-2，图 2-1-3）。眼看妻子的产假马上就要结束了，产假一结束一家人又得分离。对我们而言，当时迫在眉睫的问题是孩子谁来带。

图 2-1-2 1969 年冬天，作者的母亲与女儿在湖南大学麓山门宿舍楼大门前的留影。

图 2-1-3 1969 年冬天，作者与女儿在湖南大学麓山门宿舍楼的留影。

　　妻子要参加工程项目，需要住在工地，难以将幼女带在身边抚养。百般无奈下，她最后只得依依不舍地一个人返回了广西。而母亲决定继续留在长沙，帮我带孩子。我父亲和妹妹、妹夫当时在重庆工作，对此很理解，也支持母亲的决定，帮我们渡过难关。

　　就在这个时候，我受命参加大桥筹建工作。大桥工程指挥部设在河东市区，我如果继续住在河西湖大宿舍，每天坐船往返，这就会让我工作精力大打折扣。我当时内心非常明确，这个项目需要我投入百分之百的精力。可孩子还不满周岁，也不能把老母亲和幼儿独自留在人生地不熟的湖大教工宿舍楼里。怎么办？

妈，我有事情和你商量

　　那个年代，是个讲奉献的年代，以家庭生活不便为借口向组织提要求，谈条件，这种事我想都不敢想。眼下的情况，我只能忍痛割爱，将母亲和女儿送回重庆，这也许是最实际的解决办法。这样一来，母亲可以回到父亲身边，妹妹和妹夫可帮助一同照顾孩子，我也少了后顾之忧。

　　会后，我径直走回麓山门宿舍，一路走，一路想着我下一步的安排。快到家时，看到母亲正抱着女儿在大门口和校军代表的家属们聊天（当时校军代表都住在麓山门宿舍楼），我急忙奔向前。女儿看见我，高兴得两只小手直扑腾。我心头一热，赶紧从母亲怀中把她一把抱过来，紧紧地搂着……那时那刻，我多么羡慕那些老婆孩子热炕头的同事们啊！事实上，不论哪个年代，向往天伦之乐都是人最原始、最真实的情感。

　　当天我就把我即将参加大桥修建的事和母亲讲了。

　　"妈，我有事情和你商量。"

　　"啥子事？你说嘛。"母亲不论走到哪，都是一口重庆话。

图2-2-1 1958年，作者离家去成都上大学前，母亲亲手为作者缝制了两双布鞋。有一双作者舍不得穿，一直保存至今。

"省里要修湘江大桥了，学校准备派我去，而且是要脱产。"

"那是好事情噻。古人常说，修桥铺路是义举，是做善事嘛！而且，以后有桥了，你去看叔梅的爸爸妈妈就方便多了，还可以接他们过来耍，现在是太不方便了……我晓得你担心啥子。没得问题，娃儿乖得很，你放心，我会帮你们带好娃儿的。"

真是知儿莫若母，我心里想什么她全知道。

我把送她们回重庆的打算告诉了她。母亲毫不犹豫地表态支持我，她的态度完全在我意料之中。母亲虽然只读过几年私塾，但却十分明事理，晓大义。"上善若水"便是她一生最好的写照。我们家中就两兄妹，在我记忆里，从小到大，她从未对我动过怒。我做的任何决定，母亲都是支持的。

母亲心灵手巧，几十年里外操持，尤其擅长女红。在我小时候，一家人里里外外、上上下下的衣服和鞋子都是她做的。1958年我去成都读书时，她还亲手为我做了两双带松紧口的时髦布鞋。当时我只穿了一双，另一双一直舍不得穿，每每拿出来端详，我都仿佛能看到慈母当年"临行密密缝"的身影。这双鞋我一直珍藏着，作为永久的纪念（图2-2-1）。

不管是织毛衣、纳鞋底、做礼服、缝皮衫，还是厨房里的红案、白案，甚至是让一般人发怵的水案，母亲都拿得起，是被邻里称道的"大能人"。

我想母亲当年如果不是因为战争颠沛流离，而是能够好好读书，一定能更好地发挥她的潜能。也因为心里的这个遗憾，母亲总是教诲我们兄妹要"老老实实做人，认认真真做事"。爱屋及乌，母亲对我妻子的工作，以至后来的出国进修同样非常支持。

对待外人，她一样乐善好施。别人请她帮忙，她有求必应。母亲不仅含辛茹苦地养育了我们兄妹，还帮着带大了孙子辈四个孩子。她那一箩一箩的老式儿歌，大道至简的做人道理，至今还影响着子孙后代。

世人常说"婆媳是宿敌"，这句话在我们家并没得到应验，母亲和妻子和睦相处，数十年从未红过脸。在湖南大学时，我们家还被评为五好家庭。1977 年，我和妻子搬进了带厨房的教工宿舍，就把父母从重庆接来和我们同住。我很庆幸，子欲孝，亲还在。父母亲都算是长寿之人。2008 年，母亲无疾而终，享年 90 有余。父母亲最后的 30 余年能够一直生活在自己身边，这也是我最幸福的时光。

话说回来，老母亲对我的理解和无怨无悔的支持，让我内心深处的不安缓解了很多。既然打定了主意，就宜早不宜迟。着手买票，打包，趁着国庆节假期，我把祖孙俩送回了重庆，安置好后便立即返回长沙，做好了去湘江大桥工作的准备。

1970 年国庆节后的一天上午，时任湖南大学党委书记张健，以学校领导和"长沙湘江大桥筹建工作领导小组"成员双重身份约谈我们四人，并当面嘱咐，希望我们去大桥筹建办设计组后好好工作，为学校争光。我们四人也明确表态，一定努力工作，圆满完成各项任务。

张健书记是一位经历过二万五千里长征的老红军战士，朴素且务实。他对大桥工程非常关心，对我们的工作也非常支持，每次我们有什么事情向他汇报，他都能及时地给予反馈和实质性的帮助。

记得在大桥的筹建工作中，有一些工程材料试验工作需要学校实验室帮助完成，张健书记就及时指示学校相关的系部抓紧配合。当时土木工程系、基础课部等单位都积极配合大桥筹建办设计组做了很多试验项目，如测量教研室参加了大桥桥位控制测量和施工控制测量，地基基础教研室做了地基承载力和土样试验（具体由严富能和李年丰完成），基础课部力学实验室做了4号墩墩顶钢筋混凝土刚架的光弹性试验。而且，许多老师还参加了一些设计方案讨论会，如4号墩沉井事故原因分析和加固的专题讨论会，对沥青混凝土桥面施工优化设计的专题讨论会等。他们为大桥工程建设出谋划策做出的贡献，受到大桥工程指挥部的好评。

让我尤其感激的是，张健书记对我们的生活也很关心。我们当时在湘江大桥的生活还是比较艰苦的，每天加班，常常工作到凌晨一两点钟。尤其是在施工阶段的初期，设计工作处于"边设计边施工"阶段，更是紧张。

当听到我们当时的工作情况后，张健书记决定在那个特殊的时间阶段批给我们每人每月6元的生活补助费（那时大学毕业生每月的工资仅为54元，也没有任何其他补助费）。用今天的话说，那6块钱的补贴，可是实实在在多出来的奶粉钱啊！因为当时我和其他三位同去的老师，家里都有年龄相近的幼儿（据后来聊天才知道，我们四个人中有三个人的孩子都是同年出生的，另一个的孩子也只是早出生一年）。可以想象，当时有了这项补助，我们的心里真是既高兴又感动。

不仅如此，大桥施工阶段正处于冬季，长沙的冬天又冷又湿，再加上湘江两岸工地上寒风刺骨，我们更觉寒冷不堪。这时张健书记又特批我们向学校后勤处借用仅供学生外出实习时才能借用的蓝布棉大衣，真是雪中送炭啊！这些无微不至的照顾，让我们感到十分温暖，也是对我们的激励。

从筹建办到工程指挥部

1970年5月，交通部同意湖南省修建长沙湘江大桥的消息传来，三湘大地的人们无不欢欣鼓舞。

当月，长沙市革委会政治部立即成立了"长沙湘江大桥工程筹建委员会"，并开始了有关的准备工作。湖南大学也荣幸地成为筹建委员会的成员单位之一。

9月3日，长沙市革委会政治部正式向全市有关的机关、院校和建筑设计施工单位下发借调干部的文件，要求各单位全力支持长沙湘江大桥的建设以及推荐工程建设需要的技术干部、管理干部和经验丰富的技术工人，调动一切可用资源，投入到大桥建设工作中；并明确要求，所有参加大桥指挥部工作的人员，必须在国庆节后到指挥部报到，且必须完全脱离原单位工作。

当时，凡接到通知的单位都感到无上光荣。而第一批被召唤而来、临时组建的这支精锐队伍，将要带头为建设大桥出力，大家深感责任重大。

湖南大学当即按这个通知要求，在土木工程系抽调了我们四位同志到大桥筹建办，脱产参加大桥的筹建工作。

国庆节以后，我们四人按学校要求一同去"长沙湘江大桥工程指挥部"（其时工程指挥部并未正式组建，下同）报到。

当时，"长沙湘江大桥工程指挥部"设在蔡锷北路司马里原市委第一招待所内（图2-3-1）。该招待所由两栋楼房和一栋平房组成，中间有个大院子，院子中央是个篮球场。进门左右两边设有自行车停车棚，往里走，左边那栋三层楼房就是大桥指挥部办公楼，正对大门那座平房是会议室，改用作厨房和职工食堂，右边的楼房仍留给原招待所职工使用。

这栋三层楼的办公楼，一楼是后勤部门办公室和住房；二楼是政工部门的办公室和部分设计室；三楼右半部分是指挥部首长的办公室和会议室以及他们的住房，左半部分主要是我们设计室。当时指挥部工作人员主要来自长沙市内，基本上都通勤上下班，像我这样的"单身"员工很少，于是，我就被统一安排在一楼的住房内。

图2-3-1　长沙蔡锷北路司马里原市委第一招待所（现已改建）。在长沙湘江大桥建设期间，大桥指挥部就设在这个不大的院落内。

我们报到以后，大桥指挥部政工组同志首先向我们介绍了大桥指挥部的基本情况，并告诉我们，因当时参加大桥建设工作的部分单位人员还没有全部到齐，尚不能全面开展工作，但上级指示，已确定采用水下隧道方案，所以我们可以开始搜集有关隧道方面的设计和施工资料。

1970年11月12日上午，大桥指挥部召开了全体会议。指挥部组长兼政委刘贵（因时任长沙市警备区副司令员，所以我们平时多称他为刘贵副司令员）、指挥长李玉亭等首长出席了会议。

首先，王蔚琛副指挥长在会上宣布，按照省市委的指示，现在正式组建"长沙湘江大桥工程指挥部"，并介绍了指挥部的组成情况和人事任命。

（一）人员组成

大桥指挥部人员编制按60人组成，其中省市干部15名，军队干部5名，技术人员40名。指挥部主要领导人是：

景林（时任长沙市警备区政委，长沙市委第一书记）任第一组长；

刘贵（时任长沙市警备区副司令员）任组长兼政委；

李玉亭（时任长沙市警备区副参谋长）任指挥长；

王蔚琛（时任长沙市委原副秘书长）任副指挥长（主持日常工作）。

大桥指挥部下设政工组、行政秘书组和设计组。

参加单位和人员名单如下：

军代表（5名）：李铨、彭光品、侯俊雄、杜金才、段友谟。

市革委会（2名）：王蔚琛、刘友德。

设计组（按水下隧道方案确定的）设计单位和人员（部分）名单如下：

省水电设计院：肖仕焕、江浩、任建业、王永新、梁震坤、彭恒、赵构堂、周智远、葛光树、侯怡俊。

省交通厅陆运公司：黄裘、徐昭德、李晚成。

省航运公司：吴早生、李文、叶士杰、余太舫。

省建筑设计院：戴小珍、段如兰、刘萼云、邱时沛。

省煤炭设计院：赵九亭。

省机械化施工站：杨义凯。

省建三团：张养志、邵同怀。

长沙市丁字湾麻石公司：洪文彬。

长沙市政公司：刘海梅、冯树云。

湖南大学：周义武、程翔云、李继生、王国生。

长沙铁道学院：张显华、宋振熊、谢连城、韩雪泉。

会上明确指出：大桥设计采用干部、专业技术人员和技术工人组成的"三结合"方式进行；施工采用专业队伍和群众运动相结合方式进行。

（二）工程的具体要求

湖南省是战略后方，要求"平战结合""少花钱多办事"，因此大桥设计优先采用水下隧道方案，并要与长沙市区人防工程连接成一个整体。

（三）工作进度安排

会上明确要求在一周以后，也就是11月20日前提出初步设计方案，包括投资和材料估算，比选方案的优缺点等。

同时，王蔚琛副指挥长还简要回顾了长沙湘江大桥多年来曾经有过的规划方案，其中就有省交通厅交通勘察设计院曾提出的多个桥梁方案。但是，因为当前省里领导主要考虑战备需要，所以我们现在主要考虑采用隧道方案。再加上，往后几年，在湘黔铁路、枝柳铁路通车后，长沙的猴子石铁路大桥也将通车，那时的铁路交通将十分畅通，长沙乃至整个湖南就成了一个战略后方。所以我们就要认真地考虑采用地下、水下隧道方案。

关于修建水下隧道，1966 年省水电设计院就曾提出了一个方案。但是，现在我们要按照"平战结合"的新要求来重新考虑。省里希望我们的隧道能够有 18 米宽，7.5 米高，纵坡小于 3%。而且隧道要深埋到基岩中间，这样就可以跟长沙市的地下防空设施连成一个整体，更有利于"平战结合"。当然这样造价就会更高，施工时间也会更长。目前先按照这个思路进行初步设计，今后再逐步补充、完善。

紧接着，王蔚琛副指挥长对我们整个设计工作提出了具体要求：初步设计方案主要是对大桥水下段采用深埋隧道方案以及两岸采用明挖法施工隧道方案的投资估算，对使用材料和优缺点等方面的全面比较。他同时要求我们写出初步设计报告，准备在 11 月 23 日召开的湖南省党代会上向代表们报告，并征求意见。

最后，王蔚琛副指挥长要求大家一定要克服困难，加紧工作，好好协调，把这个任务圆满地完成，向大会献礼，也为我们下一步工作打好基础。

王蔚琛副指挥长报告完了以后，刘贵副司令员用他那洪亮且极具战斗性的话语做了进一步的动员和鼓励。现场气氛被刘贵副司令员带动起来了，所有到会人员都深受鼓舞，摩拳擦掌地准备投入到下阶段的任务中。

到这时，长沙湘江大桥的筹建工作顺利且全面地完成了，并正式进入大桥的设计工作阶段。

第三章 / 隧道：被否定的方案，
有价值的探索

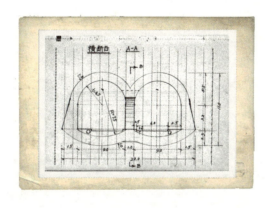

"平战结合"下的首选方案

　　半个世纪以来，长沙人民熟悉的长沙湘江大桥，在人们的印象中一直是一幅长虹横跨湘江的美丽画面。其实在设计之初，长沙湘江大桥曾被考虑建设成一条贯穿水下岩层的隧道。

　　现在人们所赞誉的长沙湘江大桥，只是设计过程的后半段工作的成果。人们浑然不知，或是已经遗忘了在大桥设计的前半段工作中为隧道方案辛勤劳作的人们。如果当时隧道方案得以实施，大家今天看到的应该就是"长沙湘江隧道"了。

　　虽然隧道设计方案最终被大桥设计方案所取代，但是我们不能忘记当年的这些"隧道人"，不应忘记他们同样为设计以及修建今天的长沙湘江大桥做出过的贡献！

　　那个年代，中央提出"深挖洞，广积粮，不称霸""备战、备荒、为人民""平战结合"的战略方针就给设计定下了基调——造隧道！我们设计组全体成员随后花了八个月的时间，全力投入到隧道设计的工作中。这是一段令人怀念的时光！

当年，大桥隧道方案设计组的组成人员是以湖南省水电设计院为主的。因为该院是这方面的专业设计院，他们对于隧道的设计和施工都有着丰富的理论和实践经验。

当时为了加快设计工作进度，组内每个参加者及时按照自己的专业和技术特长分别组成了多个专项设计组，如总图组、结构组、施工组、水电气设备工程组、概预算组和水文地质气象组等。

我是桥隧专业毕业的，学习过"隧道工程"，同时完成了隧道课程设计，现在又在学校工作，设计和理论知识多于隧道工程施工经验。因此，我就被分配到了结构设计组。湖南大学的程翔云在施工组，李继生在总图组，王国生在水电气设备工程组。

按照指挥部首长在 1970 年 11 月 12 日大会上的要求，设计组全体同志立即分组行动起来。时间紧，任务重。按照指挥部对各小组的分工任务要求，我们将从 10 月份开始搜集整理资料，结合现在的具体要求，及时提出了新建隧道的初步方案，以及对有关问题的建议和意见。

在这个基础上，我们拟定了最初的设计方案，主要包括以下几个方面的内容：

1. 隧道的走向。这个没有悬念，隧道基本上还是沿着五一路东西走向。

2. 隧道的结构形式。按照上级领导要求，隧道采用埋入河底基岩内的深埋方式。由于是深埋隧道，这就使两岸的进出口距市中心都比较远，河东出口北边远在湖南日报社旧址处，东边出口远在老火车站以东的地段，西边出口到了岳麓山下原省财贸学院附近，总长度为 5 ~ 6 公里。

3. 采用单孔隧道形式，宽度为 15 ~ 16 米，这样就可以布置四个车道，两边还设有人行道或安全带。

4. 造价估算。按当时估算的造价，每米大概需要 11000 元。

我们就这样编写出了第一版的《长沙湘江隧道工程初步方案》设计文件。

11 月 18 日，我们将这个方案向指挥部第一组长景林做了汇报。

景林政委听了汇报以后，对方案提出了一些意见和建议。

首先，他希望把长沙湘江隧道的断面再合理规划一下，例如，将湘江河底下的那一段定为 15 米宽，但是可以将两岸进出隧道的单孔变为双孔，这样就可以把隧道的断面减小，有利于施工，也便于使用。总之，一定要尽量节约投资，减少工程费用。

其次，他希望我们尽量节约材料，争取做到废物利用，例如，可以将我们在开挖坑道时取出来的岩石作为混凝土的骨料。同时，他希望我们争取做到就地取材，比如，两岸引道两边的挡土墙可以用长沙特产的丁字湾麻石来修，这样也可以节省水泥。

当晚，我们又进行了设计文件的修改和补充工作。

19 日，指挥部首长又向省委领导做了汇报。

20 日，指挥部召开大会，指挥部组长兼政委刘贵传达了省委领导听完汇报后的有关指示和意见。

省委领导明确指出，湘江隧道建设下一步工作的指导思想一定要明确，我们的"平战结合"还是以解决长沙湘江东西岸交通和方便人们出行的问题为主。因此，他们希望隧道的修建能够尽量在满足交通要求的基础上符合战备的需要。

在施工方式上，水下部分用深埋结构，可采用隧道施工方法，而两岸陆地，如果有可能就不采用隧道开挖的方式，而采用明挖的方式。这样可以节省经费和时间。

同时，省委领导还提到，韶山灌渠也有水工隧道，当时韶山灌渠隧道的造价是每米 1100 多元钱，而现在我们的隧道每米要 11000 多元钱，经费是韶山灌渠的 10 倍。当然，现在我们的隧道尺寸比韶山灌渠大，长度也比韶山灌渠长，总造价也就非常高了。按照湖南省现有的经济条件和能力，修建这条隧道将会有很大的困难。因此，领导们希望我们把总造价控制在 2000 万元以内，并要求我们对大桥隧道再做一次充分研究和考虑。

领导们当时还提到，上海正在修黄浦江隧道，他们用的施工方法就很先进。但是，造价比较高，2 公里多长的隧道差不多用了 6000 多万元。当时中央还给他们提供了一定的帮助。长沙湘江大桥不要用中央一分钱，一定要全部由我省自己来解决。如果有机会，他们建议设计人员争取去上海黄浦江隧道参观一下，并且相信去上海参观学习，对修建长沙湘江大桥水底隧道会有很大的启发和帮助。

卜占亚副政委还补充说，隧道建设一定要自力更生，发动群众，土法上马，降低成本，缩短建设时间，并且要加强地质调查（把地质情况搞清楚了）。隧道中轴线不一定要在五一路上，在五一路附近也可以，只要保证隧道安全可靠，哪里开挖隧道容易，哪里省钱，就放在哪里。

最后，省委领导指示，因为很快就要召开湖南省第三次党代会，所以，设计文件暂时不用全面修改，等到党代会召开以后，如果有新的意见，再抓紧时间修改完成。

　　在这一等待期间，我们设计组继续抓紧搜集资料，随时准备修改设计文件。

深埋与浅埋

　　根据省市委的指示，大桥指挥部要求大家抓紧时间，继续进行多方面的准备工作，如深入的地质调查和地质钻探等。同时，为了今后能够进行更加全面的方案比较，按照隧道深埋和浅埋两种类型，大桥设计组全体人员分成两个大组，分别进行方案的编制工作。

　　通过紧张的工作，在深埋和浅埋方案汇报研讨会上，两个组分别提出了各自的初步规划和建设方案，并进行了交流。

　　两个方案的主要内容有以下几个方面。

（一）深埋隧道组的方案

　　第一，隧道的路线走向。

　　深埋隧道中轴线仍然沿着五一路直至河西溁湾镇。只是在湘江东、西两岸分别拟订了多个方案。湘江东岸，从五一广场开始，向东有三条路线走向。一条到天心阁（推荐方案），但它需要穿过铁路，因此它的下埋深度需要达到20～30米；另外两条路线，一条到浏城桥，一条到北门（湖南日报社旧址）附近。湘江西岸，大致在谭家村，或在原省财贸学院附近。这样，隧道总长度有5～6公里。

第二，深埋隧道横断面形式。

影响横断面形状和尺寸的因素非常多，例如，交通量大小、施工难易、造价高低以及工期长短等。因此我们拟订了两种类型的方案。一个是单层隧道方案（图3-2-1，图3-2-2），

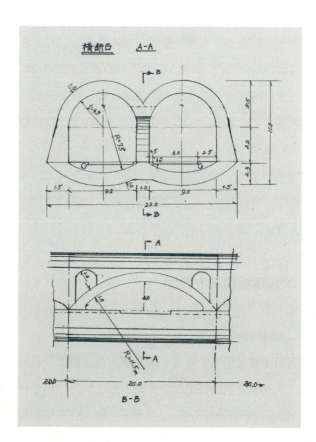

图3-2-1　在大桥的隧道设计阶段，作者手绘的双洞（单层）隧道方案横断面示意图。

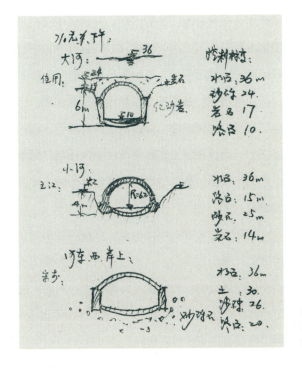

图 3-2-2　作者在日记本内手绘的单洞（单层）隧道方案横断面示意图。

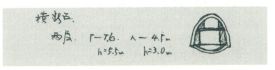

图 3-2-3　作者手绘的具有特色的双层深埋隧道方案横断面示意图。

另一个是双层隧道方案（图 3-2-3）。

　　在单层隧道方案里又有几个不同的方案，其中就有单洞四车道方案，洞宽为 15～16 米；单洞两车道方案，洞宽大概有 11 米，如果要保持四个车道就需要设置两个单洞。

　　在单洞方案中我们又设计了双层单洞方案。也就是其中的上层是人行道和自行车道，宽 4.5 米、高 3 米；下层是双车道，宽 8 米、高 5.5 米。这样对行人也更安全。另外，到了两岸，在离开湘江岸边以后，开始采用双洞方案，将车行道和人行道分离成两个单洞，这样就可以缩短人行道的长度，并可以方便地设置行人与地面互通的上下通道。

深埋隧道的最大特点是满足战备的需要。因为隧道的覆盖层很厚，埋深很深，所以从战备角度看，它的防备能力是最强的，而且在施工过程中可以少拆迁或者是不拆迁房屋。但是它也受地质条件的影响，需要对地质条件进行更加深入的研究。

同时，由于它的埋深很深，路线总长很长，所以建设费用很高，施工周期很长。而且，由于它的断面不能太大，今后使用时通行的交通量也不可能太大。同时，由于它的进出口离市区比较远，对解决主城区的交通问题也是很不理想的。所以需要再进一步深入研究。

（二）浅埋隧道组的方案

第一，隧道的路线走向。

它的路线走向基本与深埋方案一致，只是到了西岸，过了溇湾镇以后，向白泥塘出口，然后可以与长宁（长沙至宁乡）公路连接。

在城区东岸拟有三个路线出口，其中一个拟在五一广场。考虑到不要破坏五一广场的整体状态，所以在此处又提出了第二个方案，即将出口布置在五一广场旁边的湘绣大楼后面的一个停车场附近。这条隧道的长度大概为2400米。另外一个出口则选在中山路先锋厅，接贵街口。这样一来，河东隧道就需要从大西门那个地方过江了。这条隧道总长约2500米。

通过比较，大家稍倾向于选择湘绣大楼后面的停车场附近作为起点。

第二，浅埋隧道横断面形式。

浅埋隧道的横断面形式，基本上选用的是钢筋混凝土框架。车行道宽度的方案有两种，一种是车行道宽9米，两边各有一条宽2.25米的人行道，它使用起来比较方便；另外一种比较经济的方案，就是车行道宽7.5米，两边各有一条宽2.25米的人行道。

第三，浅埋方案的总工程量。

9米宽车行道方案工程总投资3000万元左右；7.5米宽车行道方案，造价在2500万元左右。

浅埋隧道方案关键问题是车行道数量比较少，会给今后解决交通问题带来比较大的困难。另外因为是浅埋，所以对防水要求也很高。

第四，浅埋隧道的施工方案。

考虑到湘江河流的特点，将整个隧道按现场情况分段施工，并采用与之相适应的施工方法。

河西岸上为一段，河西小河为一段，橘子洲上为一段，靠河东这边的大河为一段，最后就是东岸城区为一段，五段分别采用不同的施工方法。例如，河西岸上这一段基本上可以采用明挖方式施工；河西小河这一段，由于河水流速比较小，枯水季节几乎没有水，不通航，所以可以采用砂土围堰抽水明挖的办法施工；橘子洲上这一段，由于地面下那层渗水性强的砂砾石层达20多米，如果采用明挖的办法，开挖的宽度可能会达到近百米，所以采用沉井方法施工就比较合适。

靠河东大河这一段，由于要通航，水流速度大，即使是枯水期，水深也可能达 6 米多，所以这一段就要考虑用别的方法。

最简单的一种办法就是采用全部围堰断流的方法施工，但这样肯定会影响通航，而且洪水期间的威胁很大，容易造成航道堵塞，施工不方便且很不安全，所以采用全部围堰断流的方法就很不现实了。如果采用钢板桩围堰，也不能保证通航的需要，而且这种方法需要 2000 多吨钢板桩，这也是没办法解决的。另外，如果在通航河段采用浮运预制沉井安放方法来进行施工，这段沉井长度约为 380 米。由于当时湖南省对浮运预制沉井安放方法没有经验，尤其是水下施工，再加上水下的电焊防水等工序很复杂，所以采用这个方法也难以实现。

河东城区段房屋多，施工容易影响交通，采用明挖的方式存在很大的困难，再加上市区地面以下的覆盖层也有 20 多米，因此只能采用沉井或用钢板桩围堰的方式施工。

通航河段这 380 多米如果采用分段预制沉放的方法，我省当时有 4 艘鄱阳号挖泥船可供使用。这一施工方法对于砂砾石层还是比较适用的，但是不适用于下面的岩石层，它仍然需要大量的水下工作。

预制钢筋混凝土节段，当时考虑由橘子洲上的一个船厂来完成。预制完成后，考虑用两个 250 吨的铁驳船将这些预制沉井节段运到固定位置，然后在水下安装好，再进行水下接头焊接。当然整个工作都是比较麻烦的，而且风险也很大，再加上我省相关经验不足，所以这个方案也有很大的难度。380 多米的预制沉箱的经费就要 500 多万元。同时，这个方案需消耗水泥 5100 吨，木材 5100 立方米，炸药 50 吨，钢筋 1181 吨。整个工程量也是比较大的。

　　如果在深水区采用盾构方法施工，虽然当时全国已有几个成功的例子，如北京曾在砂黏土层里采用了直径 7 米的盾构，上海已经在淤泥层里用到了 10 米的盾构，但是在我们这里都还不是很适合。当时我们省里只有自制完成的直径 3 米的联合掘进机，要做这么大直径的，仍是非常困难的，因此，采用盾构施工方法对我们而言也不是很现实。

　　根据两个小组提出的方案报告，设计组全体人员认真进行了讨论，相互提出意见供下阶段修改和补充，以便形成正式的设计报告。

　　为了更好地做好设计工作，指挥部首长还要求我们多与有经验的建设和设计单位加强联系，争取得到更多的意见和建议。为此，指挥部决定组织设计组人员去上海黄浦江隧道和省内宁乡煤炭坝煤矿等地参观学习。

代号"651工程"的启示

1970年11月，上海修建完成黄浦江水下隧道的消息使我们极为兴奋，大家认定其建设经验会对我们有非常大的帮助，因此都希望去参观学习。

但是，那时正值"文化大革命"时期，该隧道建筑属于保密工程，代号为"651工程"（似可理解为上海市1965年第一号工程），因此，我们从当时的报刊上很难找到有关该隧道的公开报道。

值得庆幸的是，当时长沙湘江大桥工程是由湖南省军区和长沙市警备区指派的军队首长具体领导的工程项目，因此，经联系后，我们获得了上海黄浦江隧道工程领导机关的特批——容许我们派人去隧道工程现场参观、考察、学习。

大桥指挥部首长随即带领包括工程结构、施工、电力电器、通风、给水排水等几个专业的技术人员去了上海。湖南大学王国生老师也有幸随队前往考察学习。

几天后，去上海参观学习的同志们带着丰硕的成果回来了，并及时在指挥部做了详细的介绍。

上海黄浦江打浦路隧道位于上海市区西南部黄浦江江底，是我国第一条城市道路的水底隧道。该隧道于1960年开始筹建，1965年5月动工，历经五年，于1970年10月建成，当时正在继续做通车前的各项准备工作。它的建成，是上海城市发展历程中的一个里程碑，开启了我国水底公路隧道建设的新纪元。

当时浦西打浦路、浦东耀华路附近的码头属交通要道，隧道选址于此，既符合城市交通发展需要，又因为该处江面较窄，两岸直线距离只有500米，所以更为经济。

20世纪60年代，我国在水底隧道施工技术方面毫无经验，可谓"一片空白"。加之上海地区广泛分布软土地层，这使得在黄浦江底造隧道，就好比"在软豆腐里打洞"那样困难。因此一些外国专家甚至预言，在上海修水底隧道是不可能的。

在这样的背景下，中国的隧道建设者们白手起家，开始挑战世界级难题。当年的建设者们历经各种困难和挑战，用五年时间，终于成功建成了我国第一条水底公路隧道，填补了我国过江隧道的空白，这令人深受鼓舞。

该隧道全长2761米，其中隧道主体长1332米，江中段江底直线长600余米。隧道采用单洞圆形截面，其外径为10米，内径为8.8米。最大纵坡为3.84%，水底段设有0.6%的缓坡段。

隧道埋设于淤泥质黏土和粉砂土地层中，其底部最大埋深在地面以下34米左右，水底段最小覆土深度为7米。

隧道内设双车道，车道宽7米，行车道一侧设有宽0.25米的侧石安全带，另一侧为宽0.65米的检修巡逻道。水底及河岸段圆形断面部分采用网格式挤压盾构施工，衬砌由8块钢筋混凝土管片组合而成。部分河岸段为钢筋混凝土矩形断面，采用明挖施工，其余均用连续沉井法施工。引道段采用明挖施工的敞开式U形断面。

隧道的施工方法在我国也经历了漫长的发展历程。20世纪50年代是我国隧道施工发展的第一阶段，隧道施工主要依靠人工使用钢钎大锤打眼放炮这种非常原始的方法；第二阶段是20世纪60至70年代，隧道施工开始大面积采用风钻打眼和轨道翻斗车运输的方法，有了一定的机械化水平。而当年，上海黄浦江隧道采用的盾构施工法，是当时全世界最先进的施工方法之一，所使用的盾构机，也是从国外购置的。

上海黄浦江隧道采用的盾构施工法，简单地说，就是所有的施工人员都在坚固的保护壳（盾壳）里作业，它可以全断面掘进，工厂化施工。它的掘进、出渣、注浆、支护等主要工序都是由机器完成的，施工人员只需按规程操作即可，通常隧道不会出现质量问题。尤其值得一提的是，盾构机使用电力驱动，以往隧道施工常见的由打孔爆破产生的噪声、粉尘、油烟、刺鼻的火药味等几乎都没有了。这种方法可以确保施工人员的人身安全和工程质量。

上海黄浦江隧道开通以后，每小时双向最大车辆通行能力将达到1000辆。这在今天看来虽属小菜一碟，然而在当时却是难以想象的有着巨大难度的工程项目。以往靠摆渡、（从开始等候到抵达对岸）耗时两三个小时的漫漫历程缩短为六分钟，上海繁荣的浦西与落后的浦东间的"沟壑"，自此逐渐被填平。

在那个年代，能够亲眼见识打浦路隧道的建设是一个可遇不可求的机会，去上海亲眼看见这个工程项目的同志们都引以为荣。

上海黄浦江水下隧道的顺利建成通车，给了我们建设长沙湘江大桥水下隧道极大的鼓舞和信心，同时也让我们更加认识到采用水下隧道方案的难度。因为一旦确定采用水下隧道方案，相应的修建时间会很长，费用会很高，技术难度会很大，设备要求也会很高，而且水下作业不比水上，不出事则已，一旦出事，就是机毁人亡的大事，所以这也给我们增加了很大的心理压力，提醒我们在今后确定方案时绝不能掉以轻心，要谨慎再谨慎，以求万无一失。

被舍弃的深埋方案

1970年11月24日，湖南省第三次党代会召开了。

在这个会议召开的前前后后，大桥设计组继续对深埋和浅埋隧道方案进行了详细的探讨。长沙这时也已进入深秋季节，省地质局402地勘队的同志们为了取得更详细的地质调查资料，又对隧道多条路线方案进行了地质调查和钻探采样工作。

1970年12月12日上午，大桥指挥部召开全体工作人员会议。会上，王蔚琛副指挥长传达了前两天向指挥部第一组长景林汇报时，省市首长对我们大桥指挥部所做的新的决定：

1.放弃深埋隧道方案，采用浅埋隧道的方案进行设计。理由是，采用深埋隧道方案的路线太长，经费太高，而且施工时间太长。从使用情况来看，为了能够充分满足当前广大群众的交通需求，如果选择浅埋方案，可以缩短隧道长度，缩短施工工期，也可以减少造价，节省投入。同时对浅埋隧道方案设计提出了明确且具体的要求。

2. 浅埋隧道路线仍然从五一路延长至河西溁湾镇，从白泥塘出口。河东岸尽量采用少拆迁房屋的方案。因此，继续选用五一广场湘绣大楼后面的停车场附近作为一个起点，这样更方便使用。

3. 关于经费和材料，总的原则是要"多快好省"，尽量降低造价，尽量节约材料用量。例如，当时水泥产量少，为减少水泥用量，在采用明洞方案修建挡土墙时，可以利用长沙的麻石来减少混凝土用量，这样就可以降低造价。

当晚，大桥指挥部又召开了全体工作人员会议。会上，刘贵副司令员先给大家讲述了这次大会的重要意义和对长沙湘江大桥建设寄予的厚望。然后由王蔚琛副指挥长对下阶段的工作重点和时间做了具体安排：

长沙湘江大桥继续采用水下隧道方案，这个大方向不变。

虽然隧道方案比水上修桥要多花钱、多用材料，但是考虑到"平战结合"的要求——有利于战备，有利于隐蔽，所以我们还是要按照采用水下隧道方案的方向去努力。而且，这还可以为我们今后开展地下和水下的工程积累经验。下阶段工作的具体任务是要继续完善浅埋隧道的各个方案。

指挥部要求设计组在 1970 年 12 月底以前交出浅埋隧道初步设计文件。浅埋隧道内的净空按照车行道宽 9 米、两边人行道各宽 1.5 米、净高 5 米进行设计。

同时，指挥部要求在1971年1月份以前交出隧道工程河西段的技术设计和施工设计的全部文件，要求施工组织设计内容中包括场地布置、工程预算和材料用量等，并要求将其一一列出。

　　关于施工安排，指挥部要求首先开始隧道河西段施工；对于河水中的区段，要利用枯水季节去做围堰；对于在大河内的那段隧道，要预先做好节段的预制和沉放的施工准备。

　　会后，大桥设计组全体人员再次投入奋战中，开始了新的一轮调查、审核、研究、讨论、总结，最后按照要求如期上报了相关的浅埋隧道初步设计文件和施工设计文件。

优化浅埋隧道方案

设计组完成浅埋隧道设计文件编制工作后，并没有松懈下来，继续精心做着修改、补充的准备工作。

为了确保数据的准确性和可靠性，指挥部首长要求做两次地质调查和钻探勘测工作，同时也向大家提出了更高的要求。为了确保设计质量，指挥部要求大家扩大深化调查范围，组织大家再到省市有关单位进行专项调研。402 地勘队的同志们再次奔赴第一线，扩大调查范围，加大钻探工作量，并及时提出了翔实的地质研究报告。

1971 年 2 月 1 日上午，402 地勘队举行了有关地质勘察的汇报会，负责人蔡同志具体介绍了桥址范围内近百个地质钻孔的综合情况（图 3-5-1）。下面，仅以一个钻孔资料略窥全貌。

位于桥址处的 110 号钻孔，它的深度达到 80 多米，下面的土层有砂砾石层（细、中、粗砂均有）和红砂岩层（含有强风化层、弱风化层和较完整岩石层），再下面的是砂砾

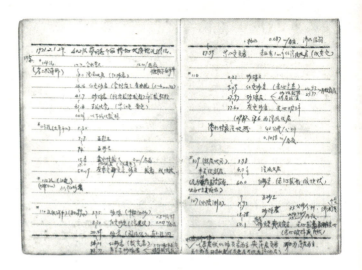

图 3-5-1 作者工作日记中有关 1971 年 2 月 1 日地质勘察汇报会的记录。

岩层及紫红色页岩层等多层地质构造。

这些翔实的地质资料报告为我们下阶段的技术设计和施工提供了可靠的依据，大家在设计过程中心中有数，心里自然也踏实了很多。

与此同时，我们又进行了广泛的调查访问。

1971 年 2 月 4 日，我们来到长沙铁路局曾经主持长沙隧道施工的单位，与相关的同志举行了一次有关施工方面的座谈会。在会上，当年曾在长沙隧道施工的负责人冯同志给我们详细介绍了长沙隧道的施工情况。

长沙隧道是原来修建京广铁路复线时在长沙郊区的一条铁路隧道，设计长度约 714 米。1959 年 5 月开工，本来预计 1963 年完成。根据地质钻探资料可知，该处地层有灰色页岩层、白沙井层、塑性黏土层和粉砂土层等多类土层。由于地质复杂，长沙隧道在施工过程中就出现了比较严重的问题。其中，在一段长 91 米的隧道范围内，由于隧道顶上覆土厚度有 10 ~ 30 米，施工时发生了一个严重的下沉坍塌事故，从而大大影响了施工进度。当年施工顺利时每个月可掘进 30 米，而受到影响后每个月仅掘进 2 ~ 3 米，因此整个工期受到了始料不及的影响，工程延迟了三年，直到 1966 年才最后完成。

听完这个隧道施工工程项目的座谈会，我们深受触动，同时这又一次给我们敲响了警钟——在设计时要充分掌握地质情况，在施工过程中可能发生的各种问题都要事先做好预案，以便及时应对。

1971 年 2 月 11 日，我们设计组又专程拜访了长沙矿山设计研究院，与他们做了多方面有关技术问题的交流。

长沙矿山设计研究院位于长沙市河西湘江之滨，岳麓山旁。该院是冶金工业部直属的专业设计研究院，实力雄厚，在矿山坑道的设计和研究方面，具有丰富的经验。因此我们非常希望有机会与他们交流，并向他们学习和请教。

我们去了以后，受到了他们热情的接待，而且他们安排了整整一天的时间与我们座谈。

在座谈会上，我们设计组首先对湘江隧道设计情况做了一个简要的介绍，其中重点介绍了湘江隧道及其周边的地质情况，所选用浅埋隧道方案的基本结构形式和构造，以及相应的施工方案等。然后，我们又提出了有待共同讨论的六个问题：

1. 隧道现存地质情况对今后在设计浅埋隧道方面会有哪些主要影响？

2. 如何合理确定浅埋隧道的埋深？

3. 如何合理选择浅埋隧道的断面和结构形式？

4. 如何选择水底隧道的通风方案和设备，如何防止渗水等问题？

5. 今后在使用隧道过程中降低噪声影响的措施有哪些？

6. 如何合理选择隧道施工方法？

矿山研究院的同志们针对我们所希望了解的问题，给出了很多富有启发性的建议和意见。例如，关于隧道下面的岩层情况，他们提议，对于湘江水下的岩层，要想知道它在天然状态下是不是含水以及含水量的多少，就应该考虑进行抽水试验或压水试验。他们还对采用大断面开挖方案提出了建议：采用大断面一次开挖掘进通常会遇到许多困难，特别需要考虑的是采用更多的保护措施，以防止整体岩层受到破坏，或是减少对岩层的破坏，以减小隧道顶上的岩压力。

另外，在选择水下隧道通风方案和设备方面，矿山研究院的同志们也给我们提供了许多有参考价值的建议。

一天的座谈和交流使我们受益匪浅，让我们在下阶段的设计工作中可以吸收前人的经验教训，这样可以大大提高我们的设计质量和工程效率。

为了使大桥隧道工程与长沙市区的人防地下工程能够很好地衔接，我们在 1971 年 2 月 12 日至 19 日期间，先后在长沙市的东、西、北三个区内数十个人防工程点进行了广泛的调查。

如东区有袁家岭、五一路附近的市电子元件厂和冶金设计院宿舍区附近等地；北区有小吴门清水塘纪念馆附近、中山路百货公司、新华印刷厂一厂及北站路市玻璃制镜厂等地；西区有五一广场附近的省市冶金公司等地。

在调查工作中，我们得到了这些单位的大力支持和帮助，收集了大量的调查结果供下阶段设计工作参考。

1971 年 2 月 28 日晚，在指挥部工作会议上，刘贵副司令员传达了他在几天前向时任省委常委、省革委会副主任万达和黄立功副司令员做汇报时，相关领导同志的指示精神：

1. 要求抓紧时间拿出设计文件；

2. 可以多考虑几个出入口以利使用；

3. 施工方案可以分期完成设计，当前首先要完成的是第一期工程的准备工作。

我们设计组在广泛征求意见和在外学习的基础上，又对设计进行了适当的补充和修改。同时根据有关单位的建议，402 地勘队的同志们补充进行了一些地质勘探和钻探工作。

1971 年 3 月 25 日下午，在指挥部的工作会议上，刘贵副司令员向大家传达了一个重要的信息。他说，就在几天前，大桥指挥部向省委常委汇报工作后，卜占亚副政委又做了重要指示。

首先，卜占亚副政委指出，我们所采用的浅埋隧道方案是以"平战结合"为指示精神，以战备为着眼点的，所以这个工程是一定要进行的。然后，他再一次强调，在这项工程中，我们必须坚决贯彻艰苦奋斗、自力更生、"以土为主"和"土洋结合"的方针。最后，关于大桥建设的具体时间和形式，他还需要向省委领导汇报，所以暂时不能确定。

为此，指挥部要求我们继续做好设计文件的修改和补充工作，把设计方案做深，做透。

赴煤炭坝煤矿拜师学艺

　　遵照指挥部首长的指示精神，设计组部分人员去黄浦江隧道参观、学习，另外一队人马则于1971年3月26日至27日到当时我省著名的"煤矿之乡"——宁乡煤炭坝拜师学艺，争取了解更多的矿井施工方面的经验和教训。

　　1971年3月26日清晨，我们乘车从长沙河西溁湾镇沿长宁公路一路向西，前往宁乡。一路上大家饶有兴趣地聊起了宁乡的特产。宁乡山奇水秀，物产丰富，湖南著名三宝之一的"宁乡花猪"就出自那里。要想吃到地道湘菜"辣椒炒肉"，宁乡猪肉便是首选的原材料。肉质细腻、味道鲜美的猪肉，配上湖南辣椒和豆豉，香辣可口，简直让人欲罢不能。

　　到了宁乡县（现为宁乡市，曾归属益阳），再沿着矿区公路行驶20多分钟就抵达了煤炭坝矿区。煤炭坝是一个因盛产煤炭而闻名湖湘的小乡镇，所产之煤广销湘鄂粤等地，有"三湘第一煤"之美称。

　　车子一到矿区，我们就感受到了矿区领导和矿工的热情，他们说早已知道这次来访的客人都是修建长沙湘江大桥的设计组人员，而修建这座大桥也同样是宁乡人民的多年愿望。

这是实话。煤炭坝所在的宁乡县位处长沙的西边。宁乡的物产，包括宁乡猪肉，常年源源不断地运往省会长沙，这就需要跨过湘江，才能抵达位于湘江东岸的长沙老城区。有了湘江大桥，物流效率就会有很大的提高。

矿区人员对我们各方面的接待无不尽心尽力。他们诚恳地表示："有问必答，有求必应。"

在介绍过程中，矿区领导还特地给我们讲了一段十分有意义的历史。

煤炭坝煤矿源远流长，据史料记载，从明朝开始发现、开掘，至今已有370多年的历史，历经数度兴衰，一直到了新中国成立，它才发生了巨大的变化。但是在1959年以前，它的运煤方式主要是公路运输，这使矿区发展受到很大影响。直到"大跃进"时期，在国家有关部门和湖南省委、省政府的大力支持下，国家经委批下了钢轨3000吨、蒸汽机车6台，才开始修建输矿铁路。该条铁路路线从益阳市资水南岸龙山港起，经邓石桥、离江口和灰山港，一直到了宁乡县煤炭坝煤矿。正线全长65.37公里。这条铁路通了以后，煤炭坝的煤和灰山港的石灰等大批物资就可直接运到益阳龙山港，然后再经过资水运送到全省、全国。这不仅极大地支持了各地工农业生产的发展和需要，同时也大大地提升了煤炭坝的矿产量，有利于煤矿本身的大发展。

矿区领导还着重给我们介绍，矿井施工最重要的事就是保证矿井内全体成员的绝对安全，要采取所有可靠的安全措施来保证安全。矿区领导的详细说明，更让我们深感地下隧道工程项目的复杂和艰巨，领导者和设计人员的责任重大，我们绝对不能有任何的疏忽大意，更不能掉以轻心。

这时，矿区领导介绍了带领大家参观的几位矿工师傅，并说这些师傅都是多年的老矿工，有非常丰富的矿井开采和安全维护的经验，希望大家放心参观，如果有什么问题可以直接向他们请教。

在矿工们的带领下，我们抵达矿井门口，心里难免有些激动。我虽然是桥隧专业毕业的，但是读书时学的都是理论知识，隧道实习也仅仅是去参观了一个铁路隧道的施工现场。真正下矿井参观，这还是我有生以来的第一次。

随着矿井门口清脆的铃声响起，我们跟着负责领队的师傅们坐进了出入矿井坑道的人行车里。人行车徐徐驶向井下，头上的蓝天白云越来越小，光线越来越弱，而套在我们头上的矿灯在黝黑的巷道里开始发出闪烁不定的光，给人森严莫测的感觉。

坐在人行车里的我们，兴奋感慢慢减少，不安的成分随之多了起来。终于来到了地面下几百米的采煤工作面，巷道地面高低不平，我们因不习惯坑道里忽明忽暗的光线，走路深一脚浅一脚。有时一不小心，安全帽就撞在了巷道的顶梁上，心里不禁咯噔一下。摸黑前行时，我们还不时能闻到放完炮后还未散尽的硝烟味。直到在矿灯的照射下，眼前"呼"地出现了乌金墨玉般的煤矿，熠熠生辉，我们顿时又兴奋了起来。

在坑道内的参观过程中，带队师傅们不厌其烦给我们介绍煤矿坑道内的各种开挖坑道的器械、支护结构，运输煤炭的设施和安全设备的用途，操作的注意事项，等等。师傅们说，在采煤坑道工作面开工前一定要先观察好顶板和侧面，发现顶板有空响动静时一定要先处理好了再工作。我们所参观的坑道是该采煤区内顶板破碎区域，极易发生冒顶事故，因此在采煤工作面干活一定要多注意安全。

在这次参观过程中，我们亲眼看到了另一个"种群"的人们的工作和生活情景，那些常年战斗在地下的煤矿工人吃苦耐劳、勇于奉献的精神深深地感染了我们。经历了矿井下生死考验的他们，才真正懂得开采煤炭的艰辛。在伸手不见五指的井下待过，才更珍惜蓝天白云下的生活。

哪有什么岁月静好，只不过有人替你负重前行！对于那些负重前行的人，我们都不应该忘记。

改隧为桥，明智的选择

在大桥指挥部大会之后，402 地勘队又对整个隧道地质资料做了周密的审核和补充钻探，尤其是对大河中间的水下岩层做了补充钻孔，进一步了解了岩层的透水性、风化、破碎程度等，并做了更加细致的分析。

1971 年 4 月 7 日，402 地勘队向指挥部汇报了他们最新的勘测调研情况。指挥部旋即更新了大桥隧道项目的初步设计文件。总算是顺利完成了任务，大家也松了一口气，满心欢喜，期待着即将呱呱坠地的"胎儿"。

接下来的日子里，我们静静地等待着，等待省市领导的批复，憧憬着不久就要将设计变为现实了，内心踌躇满志！

1971 年 5 月 22 日上午，大桥指挥部召开了全体工作人员会议。

台上，王蔚琛副指挥长郑重地向大家说明，5 月 19 日在省委常委会上，省委领导对长沙湘江大桥指挥部近八个月来的工作表示非常满意，肯定了我们的设计方案。

然而，经过对长沙湘江大桥以及城市建设等重大问题的认真讨论，领导们考虑到如果采用水下隧道方案，工程结构复杂，隧道总长很长，造价很高，施工期很长。虽然它更符合"平战结合"的战备要求，但由于存在上述各方面的问题，当前为了更好地响应群众的要求，尽快解决交通不便的问题才是首要任务。

　　省委慎重研究后，决定改为水上建桥，在先解决了交通需要的情况下，以后根据战备的要求，再来考虑建设水底隧道，这将更有利于我们湖南省的交通和工农业的发展。

　　不仅如此，省委的领导同志还明确要求：长沙湘江大桥仍建在五一路线上，一定要在一年内建成。

　　这个决定出乎所有人的意料。听到这个决定的时候，大家不禁面面相觑，怀疑自己是不是听错了。当时的我，对这个180度的大转弯，完全没有思想准备，人懵在那里，后面的发言是什么内容，我几乎都没有听进去。

　　散会以后，大家都默坐在那里，一时缓不过神来，想说什么，又不知从哪里说起。一出会议室，大家就议论开了……

　　长沙湘江大桥隧道方案被彻底否定，意味着大家八个多月的辛劳，点灯熬油的加班，彻夜不眠的思考，转眼都付诸东流。那盼望已久的"胎儿"，终究没有呱呱坠地。遗憾！这时，我的心情虽然十分沉重，但想到不修隧道而改建桥梁也确实是明智之举，并且我相信大桥一定能建成。

第四章 / 桥梁：冥冥之中的缘分

如 愿

　　遵照 1971 年 5 月 19 日省委常委会的决定，将长沙湘江大桥的水下隧道方案改为水面桥梁方案，指挥部随即采取了相应的措施：立即重新组织设计队伍，抓紧时间按照水上桥梁的需要进行设计。

　　虽然大桥设计组的同志们都对过去八个多月以来夜以继日、废寝忘食地完成的隧道设计方案未被采用深感遗憾，但对能有这个机会参加大桥设计工作，并为此做出过努力仍感到骄傲和自豪，也对省市委领导为群众着想，有着以民为本、做实事的决心感到欣慰。

　　根据指挥部的安排，设计组人员做了重大的调整，原来以省水电设计院为主，参加大桥隧道设计方案的大多数同志都将离开，返回原单位工作。对于他们的离开，我们都非常不舍。八个月朝夕相处的情景仍然历历在目。

　　湖南大学来大桥参加设计工作的四人中，从事给水排水工程的王国生同志也将返回学校。我与王国生同志年龄相近，境遇相似。当年他的爱人和幼女远在北国辽宁，而我的爱人远在南国广西，幼女远在重庆。巧合的是，我女儿与他女儿的生日还是同一天。我们都算是为了工作 "被单身"了。我们大有"同病相怜"的感觉，也就自然地走得比较近。在繁忙的工作之余，如果有机会，我俩会在晚饭后去街边散步，从司马里大桥指挥部走到小吴门，或者是在中山路百货公司、中山图书馆沿线街边走走，边走边聊。

　　王国生同志早年曾是国家公派去苏联的留学生，他学识渊博，为人谦逊。而我从中学开始一直学习俄语，对俄罗斯的文化艺术和风土人情也颇有兴趣。老王十分高兴与我分享他在俄罗斯学习时的美好往事和俄罗斯的一些奇闻趣事。时光就在这样"一个愿意听，一个愿意讲"的散步中飞快流逝……这些美好的回忆一直深深印在我的脑海里。

　　我们虽然在同一个系工作，之前倒是不曾有过这样谈笑风生的机会。因为大桥，我重新认识了自己的同事，也算是另外一个收获。而且更巧的是，几年后学校分配住房，我们又成了邻居。两家的大女儿因生日是同一天，我们还在一起吃了生日饺子。

　　这大概就是人们常说的缘分吧！

　　这时，设计组重组了，我非常幸运地被留了下来，继续参加大桥的设计工作。

　　此时的我，也认真回忆了自己这八个月来的工作情况。我虽然是桥隧专业毕业的学生，在学校学习了"隧道工程"课程，完成了隧道课程设计，也取得了良好的成绩，但是对隧道工程仍然毫无实践经验。因此当来到大桥设计组参加真刀真枪的隧道工程设计时，我还是感觉到心中无底。此时，我只是要求自己抱着虚心学习的态度，认真完成自己分内的任务，希望通过大桥隧道工程建设，努力提高自己的专业知识和能力，尽力为大桥建设做出自己应有的贡献。

当听到指挥部宣布将大桥由隧道方案改为桥梁方案后，我内心又非常激动和振奋。虽然失去了学习隧道工程的机会，但根据我的爱好和专长，我感觉自己今后在桥梁工程方面能扬鞭催马，发挥更大的作用。这也正是我的夙愿。

这里早晚会修一座桥

蓦然回首，当年毕业分配到长沙时的情景仍历历在目。冥冥之中，好像我与长沙湘江大桥早就结下了不解之缘。

20世纪60年代，我国还是全面实行计划经济的年代，大学毕业生都由国家统一分配。当时对毕业生的要求是"让祖国挑选，服从国家分配"，毕业生的口号是"组织分配我去哪里我就去哪里！"

1963年8月末的毕业典礼当天，学校宣布了毕业生被分配去的单位，同时也为每个毕业生办好了去单位的"报到证"，预订了车船票，还为每个学生一次性发放了不需要再去单位报销的交通补助费，因为当时我们这些学生都没有多余的生活费来负担路费。

记得毕业典礼当天，学校就为我们办理了离校手续。所幸当时我的家就在重庆，当晚我就赶回家与父母和年过80岁的外婆道了个别。而其他家不在当地的同学，甚至连与家人当面说再见的机会都没有。举行毕业典礼后的第三天，学校将同去一个城市报到的同学集合在一起，让大家同时出发。

是啊，那是一个强调步调一致的年代！

那时，我们道路和桥隧系毕业生的分配地范围最广，北到黑龙江省紧临俄罗斯的漠河，南到海南岛，东到上海、福建，西到新疆的喀什，还有西南的云南边陲小镇，真的是天南海北，遍布祖国大地！

我们当时分配到湖南长沙的共有 12 人，大家一同从重庆乘船沿长江而下到武汉。趁着在武汉转乘车的机会，我们又抓紧时间专程赶去一睹武汉长江大桥的风采，并在大桥桥头拍照留念（图 4-2-1）。之后，我们再转乘火车到了长沙。

图 4-2-1　1963 年，作者毕业被分配到长沙，从重庆乘船途经武汉时，专程参观武汉长江大桥，并留影。

当我们抵达毗邻小吴门的长沙火车站后，因为分配的单位不同，按报到证上注明的要求，大家将去各自单位报到。其中，被分配至中央各部属驻长单位（如林业部中南林业勘察设计院、交通部长沙交通科学研究所等）的同学可直接去单位报到，而我们几个被分配至省属单位（如湖南大学和省交通厅等）的同学，得先在省政府人事厅（旧址即现在的教育街湖南省农业厅）报到，然后再转去相关单位。于是，在与大家依依惜别后，我们就立即转乘三轮车，赶赴省政府人事厅。

这是一座有着红色花岗岩墙面、绿色琉璃筒瓦的古色古香的建筑。通过一条不长的宽阔步道，我们进入大楼的人事厅报到后，便暂时被安排住在解放路的省第三招待所。

当晚，我们就结伴去了久已慕名的长沙火宫殿，品尝到了长沙臭豆腐。第二天清晨，在招待所工作人员的强力推荐下，我们又一同去吃了长沙有名的"和记"米粉。这时大家都默默地吃着米粉，也无心再去品尝这碗米粉的滋味，因为大家心里都明白，吃完这顿"和记"米粉的"开工饭"之后，我们几个同窗五载、朝夕相处且一起分到长沙的同学就将各奔东西，前往单位报到去了。

只有我一个人被分到湖南大学，所以我就只能独自雇了一辆人力三轮车，连同三件随身行李（一个铺盖卷，一个装书和衣物的箱子，一个挎包），直奔五一路的湘江轮渡码头。

走着走着，一股浓浓的咸鱼味扑面而来，渐行渐浓。我问三轮车夫，车夫说那是码头货运仓库里和江边沙滩上晒的咸鱼。我心里纳闷，湖南咸鱼怎么这么大的气味。当时长沙只有几十万人，过了五一西路就没什么人了，一路的街景和这咸鱼味给我留下了对长沙的最初，也是最深刻的印象。

很快到了轮渡码头，我抬眼就看见码头的闸门和售票亭。售票亭旁站着几个挑夫，颇似我们老家重庆的"棒棒军"，这不免让我多了几分亲切感。我坐的三轮车在售票亭前停下了，一个挑夫上前热情地打招呼说："老师，一看就晓得你是去湖大的，对不？""是的。"我回答道。

他一边帮我卸下行李，一边继续说："行李我们帮你挑过去，直接送到湖大办公楼的传达室。你到达传达室后，只需报出自己的名字就可以领取了。"

挑夫的态度诚恳，动作连贯、娴熟。虽然素不相识，我却一点也不怀疑，加上售船票的人也在一旁为他们背书："你放心吧，他们是这里的老帮手了，只要是去湖大、矿冶（现中南大学）和师院的人，把行李交给他们就行了。"这样我就更放心了，独自轻松且空手乘船过江了。

三件行李的挑运费才几角钱。当时，过湘江要坐两次轮渡，船费总共8分钱，在橘子洲上要走一段路。

过了湘江东边第一渡后，我随着出舱的人流踏上了橘子洲。这时空气中又有一股浓烈的气味冲击着我的鼻腔，和码头那个咸鱼味不同，这次是豆豉味。这股气味更让人挥之不去。后来我才知道这里有一个著名的豆豉厂。

橘子洲，这不正是毛主席的著名诗篇《沁园春·长沙》中的"橘子洲"吗？对！橘子洲。那时的人对它的热情与当下的人相较，有过之而无不及。作为一个初来者，我心中感慨万千，对周围的一切也都觉得新奇。我环顾四周，两旁滔滔江水，繁忙的轮渡，星星点点的帆船……多么美好的一幅"漫江碧透，百舸争流"的画面啊！

我随着一队行色匆匆、接踵过江的人流缓缓走在橘子洲上。学桥梁专业的我，潜意识里就感觉到这个地方应该修一座桥。而且这里修桥难度不会太大，因为江面虽宽，但中间有橘子洲分隔。尤其是对于在长江和嘉陵江边上长大的我来说，见惯了浩荡的江水，也参观过不少大桥，相比之下，我更觉得在这里修桥既有必要，技术上也完全可行，因此在冥冥之中我就有预感，这里一定会修桥。同时，我也在心里默默地为自己祈求，希望有朝一日能够有机会参加这座大桥的建设。

　　我一路沉思，不知不觉中过完了第二次轮渡，来到溁湾镇，踏上了到左家垅的5路公交车。当时这是河西贯穿三大高校的唯一的一路公交车，从溁湾镇到湖大需8分钱。

　　汽车一路颠簸，十多分钟后就到了湖大公交站——正好就在湖南大学办公大楼（图4-2-2）门口。我按照挑夫事先嘱咐的，下车后即刻来到传达室，一眼就看见我那熟悉的行李早已整齐地摆放在那里。我心头一热，对长沙人的热情和朴实的民风有了深刻的印象——不愧是毛主席家乡的人民！

图4-2-2　湖南大学办公大楼（旧址）大门照。

我抓紧时间去往三楼校人事处报到，之后，校后勤处老邓（邓万国）同志就带领我去到已分配好的住宿地——麓山门教工宿舍。

不知不觉，我在这里一住就是十余年，从单身到结婚，到后来大女儿出生，再到她咿呀学语……这里实在是有太多的回忆，令人难以忘怀。

当年，我们这些从外地院校毕业分配来湖大的年轻同事们，如果无大事要办，几乎都不愿去河东。那时过江，费时费劲。尤其是到了冬季的湘江枯水季节，河西小河几乎断流，行人需要步行通过浮桥才能到达橘子洲，上洲后，还要在沙滩上步行很长一段路才能到达去河东的轮渡上……一想起这些，去河东城区游玩购物的兴趣、冲动顿时就归了零！

万不得已，一年也就去一两次，大家好像都患上了"过河恐惧症"。我因岳父母家在河东，加上妻子在外地工作，于情于理，我还得过河去看望他们，并定期给他们做些蜂窝煤。在这数不清的往返摆渡中，一个问题在我脑海里反复萦绕：湘江大桥何时修？湘江摆渡何时了？

"五有"桥梁人

　　长沙湘江大桥由隧道改为桥梁的决定一经宣布，刚开始，我在情感上真是难以接受，毕竟隧道方案里面融入了大家八个多月的心血啊！但想到是"改隧为桥"，我又万分惊喜，这不正是自己梦寐以求的心愿吗？如今这个愿望即将实现，一想到这里，我全身热血随之沸腾。这时，我不禁联想起自己多年来的学习和工作，暗自审视，自己能胜任这个工作吗？

　　我是桥隧专业（五年制）的毕业生。1958年在重庆七中（原是1758年始建的东川书院）高中毕业选择学校和专业时，我决定报考成都工学院的"桥梁与隧道"专业，很大程度上是受武汉长江大桥建成通车的影响和激励。

　　当时武汉长江大桥刚刚建成通车，全国人民无不引以为傲，这让我对桥梁产生了极大的兴趣。无论走到哪里，只要知道有著名的桥梁，我都会争取去参观并与之合影留念。并且，我还十分注意收集著名桥梁的照片和资料，如1957年由武汉市邮政局发行的明信片，1957年由公私合营的中国标准纸品公司出品的"万里长江第一桥——武汉长江大桥"的彩色书签和 1961 年由国营长虹摄影图片社摄制出品的《武汉长江大桥影集》等（图 4-3-1）。同时，我的内心满是期望——自己有朝一日也能造出像武汉长江大桥一样的桥梁。

回想在大学的五年里，老师和同学们都心无旁骛：老师们认真地教书，同学们都如饥似渴地学习。那时，我和同学们一样，对于桥梁的技术基础课和专业课都有浓厚的兴趣去学习，去钻研。为学习桥梁课程安排的生产实习，大家都无不认真参与，并且认真地完成实习报告，以便作为今后的参考。

生产实习是一环紧扣一环的。如"工程测量"的外业实习地点在四川省成都市远郊的龙潭寺，实习内容也是真刀真枪的生产任务——进行地形图测绘。"工程地质"的实习地点是有着"地质宝库"之称的宝成铁路沿线。"桥渡水文"的实习地点是重庆市的合川区。"桥梁生产"的实习地点在

图 4-3-1 作者收集的 1957 年武汉长江大桥建成通车时发行的明信片、书签，以及 1961 年出版的影集。

铁道部成都桥梁厂。在实习期间，从亲身当木工、混凝土工到钢筋工，从制作预应力混凝土轨枕产品到完成预制钢筋混凝土或预应力混凝土铁路梁的制作全过程，每一步实践，同学们都完成得一丝不苟。"桥梁施工"的实习地点是四川省自贡市隆昌市区的桥梁工地。

在学习钢桥课程时，我们还专门到连接成渝铁路和川黔铁路的重庆白沙沱长江大桥参观实习。该桥是 1959 年 12 月建成通车的，全长 820 米，是万里长江上的"第二座大桥"。该桥 2009 年被定为"重庆市文物保护单位"。

当站在高高的长江大桥上，望着那咆哮、奔腾而去的长江时，我们更感觉到自豪和责任重大。这也激励着我们必须努力学习。在"桥梁工程"毕业实习时（图 4-3-2），我们曾在成都市郊区的大型桥梁工地收集设计资料。毕业时我用了两个多月的时间，完成了桥梁毕业设计，其中包括了从桥梁规划、结构设计到施工设计的全部内容。

为此，在这五年内，我们都积累了丰富的理论知识和实践经验，也为今后的工作打下了扎实的基础。

1963 年夏季，我的母校重庆交通学院一共有两届学生同时毕业，58 级（5 年制）和 59 级（4 年制），桥隧专业毕业生共计 120 余人。毕业设计答辩会更显隆重。

由于当时毕业生太多，不可能全部采用大会答辩的方式完成，学校就挑选出十份毕业设计在大会上进行答辩，主持人由四川省交通厅总工程师担任。当时我被安排第一个答辩。那天的答辩非常顺利，答辩会上主持人提出了各种问题，我都较完满地做了回答，最后评委给我的答辩成绩是"优秀"。

1963 年 10 月，"全国高等院校桥隧专业毕业设计工作

图 4-3-2　作者 1962 年在成都桥梁工地毕业实习时与同学们的合影。

经验交流会"在长沙铁道学院召开。大会展示了各校选出的有代表性的优秀毕业设计，我的这份毕业设计也有幸由母校的参会老师带来展示并获得好评。

当时，我到湖南大学土木工程系报到才一个月，正带领道桥专业 59 级学生在广州一个桥梁工地实习（图 4-3-3），我本人尚不知有此会议。当我返校后，我校参会的土木工程系道路桥梁党支部书记薛珊荣老师和桥梁教学小组组长姚玲森老师向我转达了这个好评，我有些激动。这也激励我要更加努力地学习和工作，同时我也深深感谢母校老师们的精心培育。

因为这个获好评的毕业设计，我在踏上工作岗位后的工作比较顺利。系里和教研室的前辈同事们也因此对我的工作能力一直都是放心的。

这还使我回忆起，我刚到湖南大学工作仅一年时的 1964 年暑假期间，我校被中南局选定作为教育部门"清理阶级队伍及反修防修教育"的试点单位。这个运动一直到当年9月初开学时都尚未结束。

　　按原有教学计划的安排，我系道桥专业60级学生需要去广东桥梁工地实习，这时，系里就指派我一个人带领该班30多个同学去广东省博罗县一个大桥工地进行一个月的桥梁实习。实习期间，按照"劳动学习两不误"的原则，同学们一面随工班师傅们劳动，一面上课。上课，由我与工程项目组里的技术人员结合大桥施工方法进行讲授，同学们都有很大的收获。

五羊城留影

图4-3-3　1963年9月，作者（前排中）带领湖南大学道桥专业59级学生在广州进行桥梁工程实习时，在五羊城雕塑处的留影。

在这个工地上，还发生了一件令我终生难忘，且有些后怕的事情。它使我深刻认识到，从事桥梁工程的人员必须具备一项基本技能——游泳。

那时，我们下午收工后一般会在工地附近的河边冲凉。与往常一样，一天晚饭后，许多工友和实习学生都在河边冲凉。我提着水桶来到河边，看见岸边有一竹子搭建的竹排架，我也就顺势走上竹排去河心取水。谁知这个竹排架是因涨水浮在水面上的，竹排末端根本不承力。等我一走上去，竹排架就开始下沉，我也跟跟跄跄地很快就失去了平衡，一头栽进了河里……

那时还是旱鸭子的我，手中还拎着灌满水的铁水桶。我当即加速向下沉，连挣扎的机会都没有，眼看就要成为一个悲剧了……说时迟那时快，在岸边冲凉的工友立即跳入水中，七手八脚地把我拽上岸。这一突发险情令在江边冲凉的工友和学生们都万分惊恐，劫后余生的我也十分后怕。这件事给我们实习队敲响了一次警钟，同时也给了我自己当头一棒：我这个长江边长大的人，居然不会游泳！

我是在长江和嘉陵江边长大的，没错，但因长江沿岸水深流急，从小学校和父母都严禁我下河游泳，我也就一直循规蹈矩地坚决不下水，自然也不会游泳。这里，我不禁想起一些趣事。当年在小学时，学校为了防止学生私自下河游泳，就在上、下午放学时，用赭石笔在每个学生的两条小腿肚子上各画一个圈。如果谁私自下河游泳，这个赭石粉圈会被水冲洗掉，这样就可以让学校或家长监督学生，防止学生私自下河游泳。这件事以后，我也自责，作为一个桥梁人，终身都要与江河为伴，不会游泳不就是一个笑话吗？不行，我一定要学会游泳，起码保证在河中遇险也能自保，再不济，也要在水里扑腾着，争取时间，坚持到有人来救我。

因此，当年从广东实习回校后，我就与来自哈尔滨工业大学也不会游泳的室友李福彬一起自学游泳。我们首先买了一本游泳的理论小册子，就在宿舍里，拿个小方凳，上面放个枕头，再趴在上面，四肢悬空学习蛙泳和自由泳的基本动作。第二年的暑假，我们跑到学校附近湘江边的校园游泳区里练习，总算让自己达到初级游泳水平。

大概这一次经历太让人难忘了，以致后来，我坚持让子孙们必须早早地学会游泳。因此，几乎都是在他们幼儿园期间，我就把他们"扑通扑通"赶进了游泳池——学游泳！

在学校的教学期间，生产实习活动一直没有停歇。1965年初，我们专业20多名师生由学校派去湘西参加一个重要的大型建设项目。当时我带领几个学生主持完成了一座大桥和几座中小桥的设计任务，这些桥很快建成且投入使用了。

1968年春夏，学校开始"复课闹革命"。我和其他两位老师受学校委派带领道桥专业62级学生去湖北省丹江口和十堰市的桥梁工地实习。

一个多月的工地实习结束后，利用离开工地前的休息时间，我们一起到邻近的著名景点——武当山游览。当时正值"文化大革命"时期，登山的人寥寥无几，我们就直奔武当山最高峰"金顶"。我们登上顶峰，饱览了大好河山，站在那里久久不愿离去。在那个年代，武当山的文物古迹能保护得那么好，也令人感动和敬佩。

随后，我和学生们继续去武汉参观了武汉长江大桥等城市道路桥梁工程后，又乘船去南京参观了南京长江大桥。当时，南京长江大桥正处于紧张的施工阶段，我们就暂时住在长江北岸区的桥梁工地，一边请大桥工程的技术人员介绍大桥的工程情况，一边参观大桥各工区的工程项目，亲眼看见了大桥的雄伟和工地热火朝天的施工情景，我和学生们都很受鼓舞。

1969 年夏季，我曾独自带领道桥专业 64 级 60 多个学生去零陵地区内横跨潇水的零陵东风大桥实习了两个多月。该桥是当时全国著名的一座大跨径双曲拱桥，始建于 1968 年 11 月，于 1970 年建成通车，全长 352.92 米，宽 12.4 米。全桥共六孔，其中主孔跨径为 80 米，它的主拱圈拱肋是采用当时最有难度的五段吊装方法施工的。大桥在施工过程中曾发生重大事故，影响了建设工期，给当时修建大跨径双曲拱桥梁提供了许多经验和教训。这也给了我很大的警示，对于采用五段吊装工艺施工，必须特别地注意和认真地研究。

在学校教学期间，按教学计划，我们每年都要安排学生参加一次桥梁认识实习和一次桥梁工地生产实习，以丰富学生的桥梁基本知识和工程实践经验。为了提高学生的学习兴趣和丰富学生的知识，我们还多次带领学生去武汉和广州等桥梁结构形式多样的城市。尤其是在武汉时，经武汉长江大桥管理处批准，我们曾多次去武汉长江大桥上深入、仔细参观，甚至直接去了钢桥支座部位仔细观察、学习，这令学生们大开眼界。同时，我自己也学到了很多知识。这些实践经验也大大提高了我的实际工作能力。

在这几年的工作中，还因湖南大学是中国土木工程学会桥梁结构专业学会和交通部下属的公路学会桥梁结构分会的成员单位，所以我们每年都有多次机会参加全国相关的技术经验交流会，同时有机会在国内的大型桥梁工程项目中观摩到各种先进技术和学习到许多先进的经验，这也大大地丰富了我的理论和实践经验。

20世纪70年代，国家开始广泛推广我国自创的双曲拱桥，我曾有机会去双曲拱桥的诞生地江苏无锡参观，并有幸与双曲拱桥发明人苏松源等同志座谈，深入探讨双曲拱桥的各种技术问题，这使我对双曲拱桥的设计、施工和使用等各方面有了深刻的了解和领悟，对我之后的工作大有帮助。

这林林总总的实践活动给了我充分的信心，让我有充足的理论和实践经验去参加并胜任长沙湘江大桥的设计和建设工作。同时由于我还有强烈且真诚的愿望，加之当时我只有30岁，有充沛的精力和充足的时间可以全身心地投入大桥的建设工作中去。

因此，我坚信自己是一个"有愿望、有信心、有能力、有精力、有时间"的"五有"桥梁人，一定能为长沙湘江大桥的建设出一份力。同时这也是大桥工程给我提供的展示人生价值的大舞台，是一个人一生中难得遇到的机会，我必须全力以赴，全身心投入到这场建设长沙湘江大桥的战斗中，实现自己的愿望。

第五章 / 设计：争分夺秒　集思广益

一年时限下的机构重组

　　长沙湘江大桥要在一年内建成，就必须确保大桥所有的河中桥墩基础和墩身施工在当年的枯水期（只有4～5个月）内完成，也就是说，全部桥墩至少要在枯水期露出水面。

　　因此，指挥部组织机构必须按照这个要求重新构建，人员必须增补或调整。指挥部当即确定组织机构由原有的政工组、后勤组和设计组扩建为政宣部、后勤部和工程部。在工程部下面再分设设计组和施工组。

　　按照分工，设计组负责大桥的全部设计任务。施工组具体负责联系参加大桥施工的有关单位，同时负责接待长沙市和省内其他地区踊跃参加大桥义务劳动的各个单位，合理安排成千上万的踊跃参加义务劳动的市民的工作等。

　　工作内容非常繁杂，来往联系工作的部门和人员更是错综复杂，因此，指挥部首长决定重新安排指挥部的办公室和住宿房间。如此一来，指挥部所在的三层楼房，一楼就全部给了后勤部和工程部的施工组使用，二楼和三楼的右半部分仍维持原用。

三楼的左边部分作为设计组的办公室和部分设计人员的住房。当时住在三楼的设计人员不多，我的住房就紧临指挥部首长们的住房，这样我与首长们见面的机会就比较多了。有些时候他们晚上开会，如果临时有有关大桥技术方面的问题需要解答，我就常被叫去，这让我有机会参加他们的一些会议，对自己的工作能力的提高有很大帮助，也使我有机会对工程方面的情况了解得更多，更全面。

长沙湘江大桥方案"由隧改桥"后，原设计组人员也随之有了很大的改动，继续留下的设计单位和人员名单如下：

1. 省交通厅陆运公司：黄裘、徐昭德、李晚成。

2. 省航运公司：吴早生、李文、叶士杰、余太舫。

3. 省机械化施工站：杨义凯。

4. 省建三团：张养志、邵同怀。

5. 长沙市丁字湾麻石公司：洪文彬。

6. 长沙市政公司：刘海梅、冯树云。

7. 湖南大学：周义武、程翔云、李继生。

8. 长沙铁道学院：韩雪泉。

一年的工期，意味着留给设计组的时间就非常短促了。我们设计组被留下来的这些人的首要任务就是开始搜集和整理大桥设计所需要的资料，并尽快确定大桥的主要技术指标。

这个阶段，我们一边加紧工作，一边期待着新战友的到来。因为我们早就听说，湖南省交通厅陆运公司测设大队和有关部门都将增派人员来参加大桥设计工作。

省陆运公司测设大队，是原交通厅下属的省交通勘察设计院。该院是我省道路与桥梁方面的专业设计院，具有很高的勘察设计水平，拥有大批优秀的设计人才，有着丰富的设计和施工经验。他们这批业务骨干的加盟，为大桥的建成提供了坚实的技术保证。

1971年6月7日，在测设大队的同志们和其他有关部门的同志们陆续到来后，指挥部首长召开了设计组工作会议。

指挥部首长首先介绍新、老同志们见面。由于湖南大学和设计单位多年来都有着很密切的联系，设计人员中，不少还是湖南大学土木工程系毕业的老校友，因此，大家彼此都非常熟悉，一见面自然分外亲热。唐永兴同志是测设大队指派带领本单位人员来参加大桥工作的负责人，指挥部就指派唐永兴担任设计组组长；为便于与原设计组留下来的同志加强联系和沟通，指挥部就指定我协助唐永兴工作，要求我们共同把设计组的工作做好。

会上，王蔚琛副指挥长再次强调了大桥建设的重大意义，而且指出这个项目工程量大、任务重、要求高、时间紧，在湖南省已有的工程建设项目中是史无前例的，希望全体成员以高度负责任的态度来完成这项光荣的任务。

随后，他着重明确了下阶段的任务：

本月（6月）9日至11日，外业调查；

14日至19日，拟订初步设计方案；

21日至23日，去省市有关部门征求意见，以最快的速度对设计方案进行汇总、补充、修改，争取早日上报。

新加入设计组的单位和人员有：

1. 省交通厅陆运公司测设大队：唐永兴、朱若常、石国民、李少豪、沈汉、吕邦杰、谢国安、陈义鑫、上官兴、张元星、高志云、雷鸣、张克早、萧桂琰、杨云、杨开华、胡汉华、李永兴、常淼洲、张梦龄、夏守俊、黄梅清。

2. 长沙铁道学院：姜昭恒。

3. 市城建局：王哲枢。

4. 省交通科研所：曾德宗。

5. 大桥工程局第五工程处（简称"大桥五处"，驻地在长沙，拥有职工 1500～2000 人、民工约 4000 人）：陈主任、顾昌海、赛云生。

这些新加入大桥设计组的人员，绝大多数的家都在市内，指挥部也就不再安排住房，但为了便于工作联系，只安排唐永兴同志与我同住一室。老唐有自己固有的生活规律，不易打破。为了保持饱满的精神参与工作，他多是在午饭后回宿舍午休，晚上回家休息，把宿舍留给了我一个人住。这样一来，我也能休息得更好。当然这并没有影响我们之间的联系和沟通，我们的关系十分融洽，工作中我们也相互支持、配合。

在大桥工程建设两年多的时间里，我一直住在指挥部的这个房间里。1972 年春节期间，妻子从广西过来，母亲带着大女儿从重庆过来，我们一家三代也就在这里有了一次短暂的团聚，度过了一个难忘的春节（图 5-1-1）。

图 5-1-1 1972 年春节，作者妻子从广西公路工程施工现场回长沙，母亲带孩子从重庆来长沙探亲，三代人在长沙团聚时合影留念。

船工指点迷津

　　为了确保大桥在一年内建成，设计组要交出上千张的施工图。任务迫在眉睫，时间非常短暂。我们必须争分夺秒地搜集和整理大桥设计所需要的大批资料，尽快确定大桥主要的一些技术指标。

　　当时首先需要确定的最主要的技术指标是桥位、桥型、桥高和通航桥孔的布置等。

　　首要问题是确定桥梁的位置，即桥梁的桥位选择。由于长沙湘江大桥是长沙市内第一座跨湘江的桥梁，百年来，长沙人民心中早已认定了这座大桥理所当然地从城市中心，即沿着五一路向西，跨越橘子洲，延伸到河西的溁湾镇。这个桥位没有悬念，没有异议，且第一时间就被确定下来了。

　　第二个重要的问题是大桥必须满足通航的要求。也就是确定大桥的通航标准和合理选择通航桥孔的位置。

　　根据国家相关规定，跨越通航河流的桥梁，应该设置一至多个满足规定船只航行使用的桥孔。而通航桥孔的大小，也就是设计通航桥孔净空的尺寸，即净高和净宽，它们随航道等级不同而异。

航道等级越高，对通航桥孔净空要求也越大，这样才能确保符合航道规定的船只（或船队）在任何季节都能安全通过，其他非通航桥孔则不必满足通航的要求。

因为净高要求不同，所以这就会形成一个常见的现象，即通航桥孔处的桥梁最高点就成为该桥梁的最高点。

长沙湘江大桥区段按国家二级航道标准设计。依照规定，航道设计标准需要满足2000吨船只顺利通过，即要求通航桥孔净宽70米、净高10米。但考虑到长沙湘江河段通行的高桅杆帆船比较多，因此，航运部门希望净高再加高2米，采用12米。

一般情况下，多孔桥梁的通航孔大都选在桥址处通航河段的主河槽位置，这样有利于船只在低水位和设计通航水位时都能够正常通行。因此，我们在确定长沙湘江大桥通航孔的位置时，也是按照常规的布置方法，初步选定在靠近河东岸大约150米的范围内。

第三个问题是桥梁的设计荷载。考虑到长沙湘江大桥是我省东西干道上的重要交通设施，因此，应该按交通部颁布的道路桥梁设计荷载标准的最高级别，即汽车-20级，拖挂车-100级，两边人行道荷载350千克每平方米设计。

第四个也是大桥设计中最重要的一个问题，是桥梁的结构形式。

当年，国内正处于"文化大革命"期间，国民经济形势严峻，工业生产几乎处于停滞状态，钢筋、水泥等建筑材料极其匮乏，大型施工机械设备也同样短缺。因此，省市委领导一再强调，要求我们"土洋结合，多快好省"建大桥，在选择桥型方案时，要少用钢材水泥，应尽量利用湖南省能提供的现有材料，多多发挥湖南省的当前优势——劳动力丰富。

鉴于当时钢材奇缺，如果我们仍选择修建大跨径桥梁的常用结构形式，如钢筋混凝土或者预应力混凝土T形刚构桥梁，或者钢筋混凝土拱桥等，显然都不合适。因为选择范围缩小了很多，所以我们很快就确定了选用当年风靡全国的双曲拱桥结构形式。

双曲拱桥结构形式和通航标准确定以后，紧接着就是要确定桥梁采用的跨径大小和桥梁的纵坡。

关于大桥合理跨径的选择，因为它是一件十分复杂的工作，受诸多因素的制约，是投资、通航、城市规划、施工条件和美观等方面优化协调的产物，所以我们将在以后的章节中再做表述。

由于长沙段的湘江被橘子洲分隔成东西两个河槽，东边大河槽宽约555米，中间的橘子洲宽约89米，西边小河槽宽约480米。所以，我们初步确定了将通航桥孔设置在水面宽且水较深的东边大河槽。为了满足二级航道要求，东边河段的跨径不小于70米即可，但也不宜大于100米。

接下来就是合理选择主桥的纵坡。桥梁纵坡的大小直接影响到桥梁的长度、造价，以及今后行人和车辆使用桥梁的安全性、舒适性等。这不难理解，纵坡小，桥面平缓，利于通行，但会拉长桥长，造价高。反之则不然。

大桥纵坡多少比较合适呢？没有标准答案，那就用笨办法，实地测量比对。

我们当即拿起了皮尺，扛起花杆，在长沙市区选择多处有纵坡的街道进行实测，并及时就地征求汽车司机、拉板车工人和行人的意见。

当时我们测量了市区内多处街道的纵坡，其中，小吴门处的纵坡是 2.8%，天心阁至南门口的纵坡是 5.5%，五一路至太平街口的纵坡是 1.46%，中山西路至湘江边的纵坡是 2.1%，长沙市三医院至侯家塘的纵坡是 2.5%，长沙市郊东屯渡大桥的主桥纵坡是 2%，引桥纵坡是 2.3%。

同时，我们对湘潭湘江大桥以及南京长江大桥的纵坡和使用情况也做了调查。

在与群众交流的同时，我们也亲自体验，获得了第一手的数据。我们骑着自行车，到路上体验各种纵坡的舒适度。经过多番尝试和比较后，我们基本上确定了长沙湘江大桥主桥的合理纵坡应该控制在 2.5% 以内。当然，如果可能，纵坡大小能减则减，使大桥尽可能地方便人们使用。

确定了桥梁纵坡、通航标准和通航桥孔的位置以后，我们绘出了大桥的纵断面示意图。一个大家预想不到的问题出现了：当通航桥孔（即桥梁最高点）靠近河东岸，桥面纵坡控制在 2.5% 以下时，大桥的河东引道就向市区延伸，甚至接近市区交通和商业最繁忙的五一广场。也就是说，从五一广场不远的地方就开始上引桥。这样的桥头接线布置方式令人难以接受。

但是，通航桥孔指标又不能更改。如果想要缩短河东引道长度，只能增大桥面纵坡，这样大桥就会高高耸起，又会呈现另一个尴尬的情景，即当人们站在五一路上眺望大桥，大桥就像岳麓山前隆起的一座小山头；从侧面看，大桥仿佛湘江上冒出的一个"大罗锅"，这个效果是大家不能认同的。

设计遇到了瓶颈，就在这个两难的情况下，我们觉得与其闭门造车、闷头死磕，不如再一次走出去，到民间找思路，另辟蹊径。

当时我们走访了市轮渡公司、航运公司等20多个单位，详细了解了湘江水位的变化情况，查阅了长沙湘江60多年来的水文资料，同时还询问了许多老船工。他们热情地介绍了湘江长沙段全年船只航行的情况。

他们介绍说，长沙湘江主河槽在靠近河东岸的地方，枯水期，船只可以行驶，但是到了洪水期，主河槽处水深流急，船只只靠近西岸水流较平缓的区段行驶，这样更为安全。因此他们认为，大桥的通航孔布置在靠近西岸的地方才合适。

老船工们掌握的往往是最宝贵的第一手材料，他们的分析，给了我们极大的启发。为了进一步证实他们的说法，我们扩大了调查范围，在大量资料和统计数据的基础上，经过认真分析、讨论，最后，我们决定采纳老船工的建议，将设计通航孔布置在靠近西岸的地方。

这样在不同水位的情况下，船只都能安全通行。尤其重要的是，由于通航桥孔的位置从靠近东岸的地方移到了靠近西岸的地方，桥梁的最高点也就从靠近东岸移到了靠近西岸，这样就增加了东岸的拉坡长度，从而可以使得在桥高不变的情况下，大大减缓桥梁的纵坡，而且，还可以缩短东岸引桥的长度。这个来自老船工们经验的建议，独特且合理，让桥梁高度、桥梁纵坡和桥长等多个技术指标问题迎刃而解。

这些问题的圆满解决，使长沙湘江大桥在满足实用的同时，也兼顾了大桥外形的美观，为后来长沙湘江大桥赢得美誉提供了可能。长沙的老船工们为我们能够建造出这样优美的大桥立下了大功。

不只是设计阶段，还包括之后的施工阶段，长沙湘江大桥的建设始终都有长沙百姓参与其中。这就是我们说长沙湘江大桥是"长沙人民自己的桥"的缘由。

在合理确定了符合国家规定的最高通航桥孔以后，如何合理分配通航桥孔和设置航标的问题，又摆在了我们的面前。为此，我们曾多次与航运部门进行商议。并于1971年10月27日，双方一起合作，初步提出了"湘江通航桥孔划分及航标设置的方案"。其中，我们提出的推荐方案是争取大河段各个桥孔均可在不同条件下满足通航的需求。

在此基础上，航运部门提出了"长沙湘江大桥（大河段）通航桥孔的选定和配布方案"。其中，明确指出了这个方案是在"统筹兼顾，全面安排，合理布局"的原则下，考虑到各类船舶、排筏通航的需要和性能，在配布中，以机动船舶优先，在机动船舶中，又以下水机动船舶为主。

对不同水位情况下的通航桥孔的选定和配布，航运部门提出了三个方案（图5-2-1）。其中，第二个方案只选定六个桥孔通航，这是由于第一孔太靠近岸边，不能够保证通航船只的安全。因此，就只安排了第二孔至第七孔作为通航桥孔。其中，在枯水期，第二孔和第五孔作为非机动船舶通航孔，第三孔作为机动船舶的上行通航桥孔，第四孔作为机动船舶的下行通航桥孔；在平水期和丰水期，第四孔和第七孔作为非机动船舶的上、下行通航桥孔，第五孔作为机动船舶的上行通航桥孔，第六孔作为机动船舶的下行通航桥孔。

通过对这三个方案的比选，我们发现，第二个方案最大的优点就是在开放水位下，各个桥孔的通航条件和净空都能满足机动船舶和非机动船舶的航行要求。在枯水期、平水期和丰水期，有左右两个通航孔供非机动船舶使用，可以保证船舶航行安全，通航桥孔利用率增大。在特殊的情况下，各个通航桥孔可以根据具体情况进行调整，机动性很大。缺点是在枯水期、平水期和丰水期，通航桥孔的配布交错且不确定，造成航标的配布不固定。于是，为了固定和检修这些航标，就需要在桥跨结构和桥墩上增加更多的支架、检修梯等附加设备，这也就相应地增加了设备经费和维修管理的困难。

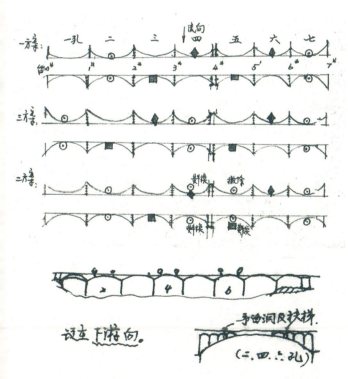

图 5-2-1 作者手绘的经过研究的通航桥孔、航标布置方案图。其中，⊙图标指非机动船舶上、下行；□图标指机动船舶上行；◇图标指机动船舶下行。

为了充分论证该方案的合理性，1971年11月10日上午，大桥工程指挥部又在省航运公司召开了"大桥通航桥孔的选定和配布方案"专题讨论会，参加会议的单位很多，其中有省航运公司（王春发）、省航管站、长沙市帆船队、客轮船队、长沙县帆船社、长沙港（陈志忠）、航运码头处（李清顺）、航道总段（李日祥）、拖轮船队、省港航监督站（胡委明）等。

首先，由我和刘难先代表大桥设计组，分别介绍了大桥总体设计和大桥通航桥孔的选定和配布方案（初稿），然后到会代表进行了充分讨论。与会人员认为，第二个方案充分考虑了在不同水位条件下，各类船舶、排筏的安全合理的通行状况，因此一致同意采用第二个方案作为布置航标的方案（图5-2-1）。

同时，大家也提出了一些改进意见，如要求航道清理和航标安装工作与大桥建设同时完成，并要求立即成立大桥航标管理站，以确保湘江船只的安全通行和避免船只撞击大桥的事故发生。

会议结束以后，指挥部根据大家的意见，在大桥建设的后阶段，按照这个航标布置方案完成了长沙湘江大桥的航标设置，让大桥不仅能够满足湘江的通航要求，也增强了其使用安全性，为保证长沙湘江大桥的安全通航创造了条件。

桥宽最好要有 20 米

　　大桥工程由隧道方案改为水上桥梁方案后，省交通厅陆运公司测设大队和其他部门增派的人员来到了大桥设计组，大大增强了我们早日完成大桥设计任务的信心。同时，他们还带来了他们单位多年前为修建湘江大桥所做的前期规划设计。随着他们的到来，大家紧密合作，继续投入到紧张的拟订大桥设计方案的战斗中。

　　1971 年 6 月 9 日上午，在设计组重组后的第一次工作会议上，测设大队的同志就简要地介绍了他们曾为修建大桥所做的各项工作，包括地质调查资料和九个桥梁方案（含 1959 年一个方案，1966 年和 1968 年各四个方案）。

　　其中主要方案有如下几类形式：

1966 年主要方案

　　大河主跨采用净跨为 110 米的双曲拱桥形式，其拱上结构采用跨径为 30 米的葵花拱形式；小河采用跨径为 62.5 米或者 45 米的双曲拱形式。这种结构形式外形虽然美观，但施工复杂，而且很不利于战备要求，因此未得到大家认可。

1968 年主要方案

方案一：大河、小河均采用主跨为 120 米的预应力混凝土 T 形刚构形式（这样可以大大降低桥面标高），大河基础全部采用沉井形式，小河基础全部采用明挖形式。

方案二：主孔采用跨径为 120 米（矢跨比为 1/8）的大跨径双曲拱形式。

方案三：主孔采用跨径为 80 米（矢跨比为 1/10）的双曲拱形式，小河采用跨径为 62.5 米的双曲拱形式（当年的推荐方案）。

通过对大桥规划历史简况的介绍，设计组决定再进行进一步的社会调查，广泛征求广大群众对大桥设计指标的意见；同时确定了重点调查的对象单位，以便尽早确定大桥的设计技术指标。

6 月 10 日上午，我们到市轮渡公司调研。该公司负责人彭咸建同志向我们介绍了市区内几个主要的横渡湘江的渡口的人流量情况。

其中最重要、人流量最大的渡口是五一路的湘江渡口。早年这个渡口叫"长沙第一渡口"，根据《长沙县志》记载，该渡口初期曾分设"官渡"（收费）和"义渡"（免费）。因渡船笨重，且有"三不开航"（涨大水不开、刮大风不开、天不亮不开）的规定，直到新中国成立初期，尽管条件很差，但因为过河人众多，这个渡口依然十分繁忙。有资料显示，1952 年第一季度经该渡口过河的人数为 636248 人，第二季度较第一季度增长 20.84%，第三季度较第二季度增长 39.68%，第四季度又较第三季度增长了 26.74%……

当年调查时，五一路至溁湾镇轮渡，正常年份日均人流量约 3 万人次。在 1965 年 10 月 1 日国庆节当天，日均人流量高达 9 万人次。最高的是 1966 年到 1967 年，日均人流量达 10 万人次。据统计，1969 年的 4 月至 9 月的六个月，平均每月人流量达到 133 万人次（包括走路的、骑自行车的和挑担子的）。

彭咸建还告诉我们，湘江大桥通车后，还将吸引其他渡口的人流从湘江大桥通过，其中三汊矶至五一路渡口的年均人流量约 80 万人次，银盆岭至五一路的年均人流量达 100 万～110 万人次，灵官渡到五一路的年均人流量约 50 万人次。这些渡口的渡江人流都将有很大部分被吸引过来，这样必将大大增加湘江大桥的交通量。因此，他一再说明："希望大桥的宽度不要太窄，一定要尽可能地修宽一点。"这些宝贵的数据和建议，给了我们很大的帮助。

当天下午，我们又去市汽车渡口管理所举行座谈会。

管理所负责人贺念红同志也给我们做了详细的介绍。他介绍说："长沙湘江汽车渡口始建于 1935 年 1 月，至今已有 37 年的历史。"为了满足交通需求，除有六级以上的大风和大雾天气不能通航外，不论是酷热高温的三伏天，还是落雪冰冻的三九天，渡口职工都全年不休，不敢有丝毫懈怠。为确保两岸交通畅通，他们不辞辛劳，风里来雨里去，日夜忙碌在渡船上。枯水季节，如遇船只搁浅，他们还得跳入冰冷刺骨的江水中去撬动船只……

贺念红说："现在的湘江汽车渡口，完全不能满足生产发展的需要，当载重车达 12 ～ 13 吨，拖挂车大于 60 吨时，就无法装载过渡了。就在前不久，常德浦沅机械厂的大型设备重达 84 吨，就只能用船经过洞庭湖转运。大桥设计载重量不能太小。桥宽最好要有 20 米，这样才能满足今后的需要。"

他还介绍说，目前渡口的运载压力也很大，仅 1971 年元月的一天，过江汽车就达到 1437 辆。如果在春耕或秋收季节，尤其是节假日前后，渡口更是繁忙。特别是在洪水期、狂风期，渡轮停运，影响就更大了。例如，1971 年的 6 月 4 日至 5 日，长沙湘江遭受了七级大风影响而停航。当时，因需要送外宾车辆过江而冒风开船，差一点就出了大事故，这件事造成了很大的负面影响。因此，贺念红希望尽快修建大桥，为全省人民谋福利。

他的这些意见和建议很有价值。当时，管理资料的陈孝纯同志也热心为我们提供了许多宝贵的资料。关于大桥桥宽的设计，我们也做了非常认真的研究。

根据国家有关规定，按国家一级道路工程标准，道路通行量在每日 5000 辆以上时，车行道按双向四车道设计，宽度为 14（2 × 7.0）米。同时，我们又参考了已有桥梁的数据，如湘潭湘江大桥全宽 21 米，其中车行道宽 16 米；武汉长江大桥全宽 23 米，其中车行道宽 18 米。

在长沙市区内，我们实测得到五一路全宽 23 米（不含人行道）；蔡锷北路全宽 18 米，其中车行道宽 12 米。

我们又去市公安局交通大队征求意见。他们建议桥宽不宜小于 18 米，即车行道不宜小于 12 米。之后，我们又去问了其他相关部门和部分市民的意见，大家对湘江大桥桥宽的期望很接近——希望大桥尽量与五一路同宽。

　　汇总完所有的信息，我们拟订了桥宽从 18 米至 21 米的多个方案（图 5-3-1），再综合造价、构造和施工等各方面条件进行分析。最后，我们初步确定了长沙湘江大桥主桥的桥宽采用 20 米，其中车行道宽 14 米（已达到当时国家一级道路的最高标准）的方案。

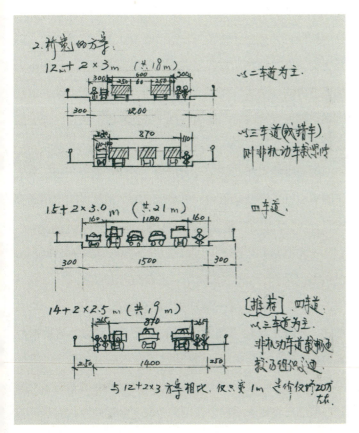

图 5-3-1 经过广泛调查研究，当时大桥设计组针对大桥主要技术指标之一的桥梁宽度提出了多个方案。图为其中三种大桥桥面布置（桥宽）方案图。

完成大桥初步设计方案

在拟订大桥设计方案时，为了给设计人员足够的独立思考空间，使其更好地发挥创造力，我们设计组采用分配和自愿相结合的办法，分成四个方案小组，独立研究讨论，草拟方案，再相互交流，以便能够真正做到集思广益，比选出最佳方案。

前一阶段工作已确定了大桥的主要技术指标，接下来工作的重点就是研究讨论大、小河段双曲拱桥跨径的合理选择问题。各小组经过一番酝酿，分别提出了不同的初步方案。

1971年6月21日上午，设计组内举行了一次方案交流会。在会上，四个小组都详细介绍了各自的初步方案。

第一小组的方案：大河段为便于通航，采用5孔100米跨径、矢跨比为1/8的拱桥，同时设置了制动墩。这种拱桥制动墩的作用是防止单侧桥孔事故而影响邻孔的安全。其作用原理是将该桥墩尺寸加大到能独立承受单侧桥跨的水平推力，保证在单侧水平推力作用下桥墩不会被破坏，而保证邻孔的结构安全（图5-4-1）。

大河段的1号墩和3号墩按制动墩设计。主河槽中基础采用浮运沉井方式施工，其他的采用筑岛沉井方式修建。

小河段采用9孔47米跨径的拱桥，其中3号墩和6号墩按制动墩设计。基础施工全部利用枯水期，采用围堰明挖方式完成。

橘子洲支线全长约300米，采用12孔20米跨径的桥梁。在主桥下游侧向原有渡口方向延伸，再与渡口接线道路相连接。

第二小组，也是我所在的小组提出的方案：根据战备、通航和美观等要求，并充分考虑当时的施工吊装能力，主河段和橘子洲上共设8孔76～80米跨径的拱桥，拱肋采用三段吊装方式施工（每段拱肋重约17吨）。

小河段采用9孔49～50米跨径的双曲拱桥。橘子洲支桥沿主桥向南（上游方向）延伸。

第三小组的方案：大河段采用7孔不等跨方式，即1孔63米加5孔80米（矢跨比为1/8），再加1孔63米（矢跨比为1/10）。小河段采用7孔63米跨径的拱桥。而橘子洲区段则采用3孔20米跨径的拱桥。

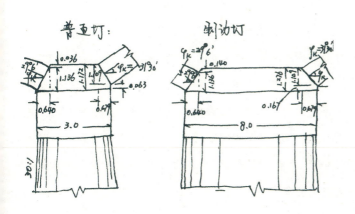

图5-4-1 东边河段76米跨径的普通墩与制动墩手绘示意图。

第四小组的方案：大河段采用 7 孔不等跨方式，即 3 孔 80 米加 4 孔 70 米（矢跨比为 1/8）。小河段采用 9 孔 48 米跨径（矢跨比为 1/6）的拱桥。

在交流会上，大家既各抒己见，又形成了一些共识。如为了方便施工，大、小河段都各自采用等跨的方式。跨越橘子洲的桥跨，为充分利用桥孔下面的场地作娱乐休闲之用，应尽量采用大跨径的方式，而且为简化施工，宜选用与大河区段相同跨径的桥跨，以单跨方式跨越。

有了这些共识，下阶段方案的大致轮廓就出来了。

经过会议交流后，各小组继续进行各自方案的修改和补充。6 月 24 日上午，在向指挥部汇报的基础上，设计组又提出了一个初步的汇总意见，以便向省市委领导汇报。

汇总的设计方案的主要内容包括以下几个方面：

第一，大河段有 5 孔 100 米跨径和 7 孔 77～80 米跨径（因为难以准确确定跨径大小，仅大致控制跨径在此范围之内即可，待下段设计时再做确定）两种类型。长沙湘江大桥大河段的桥型方案是我们重点关注的内容，因为湘江通航主要是在大河段区间实现，而且它的美观对城市景观影响最大。

第二，在橘子洲范围内，该区段采用与大河段桥跨相同跨径的单跨跨越。小河段采用 9 孔 50 米跨径的拱桥方案。

第三，桥面宽度。根据广泛的资料调查和今后城市交通发展的需要，并经省市委领导同意，将原有交通部最初建议的桥宽 16 米（车行道宽 12 米，加两边各 2 米的人行道）改为全宽 20 米，即车行道宽 14 米，加两边各宽 3 米（含栏杆宽度）的人行道方案。

第四，航道等级按二级航道标准设置。

第五，关于通航桥孔位置和通航水位，由于在前一阶段的调查研究已经确定，下阶段只需做进一步的确认。

第六，关于橘子洲支桥，我们也考虑了两个方案。一个方案是与主桥约90度交角，向南侧（上游方向）延伸；另一个方案是在主桥北侧（下游方向），用螺旋形匝道方式下行至橘子洲地面，可以减少用地量。支桥桥面净宽10米，即车行道宽7米，两侧人行道各宽1.5米。

第七，桥梁墩台尽量就地取材，节约造价。小河段采用石砌的方式，大河段采用片石混凝土砌的方式。

第八，关于制动墩的设置。制动墩的尺寸大，影响船只通行和美观，再加上工程量大，造价又高，因此，为满足战备和施工的需要，仅在大、小河段各设置一个制动墩。

第九，桥面采用沥青混凝土，其优点是重量轻，易于使用期的维护，且行车舒适。

6月28日，设计组在修改完善已有方案的基础上，向省市委上报了一个文件，即《关于大桥初步设计方案的说明》，供领导审阅。其中主要内容如下：

1. 长沙湘江大桥的主桥有两个桥跨布置方案。关于大桥长度，以大河段和橘子洲区段按8孔76米加小河段9孔50米的方案为例（图5-4-2），加两端的引桥引道，大桥全长合计为1147米。

2. 根据估算，全桥总投资为2251万元。主要三材用量：钢材2500吨，其中含主桥上、下部结构钢材1830吨，以及

图 5-4-2 作者手绘的大桥主桥桥跨及桥墩总体布置方案图。其中，在初步方案设计时，大河段 4 号墩及小河段 11 号、14 号墩均设为制动墩（后修改方案时，小河段只将 13 号墩设为制动墩）。

各种施工用钢材；木材 1.2 万立方米；水泥 18912 吨。其他材料用量：块片石约 3.7 万立方米，砂砾石约 12 万立方米。

3. 劳动力约需 280 万个工日。

4. 关于施工进度的初步安排。整个下部结构工程在 1972 年 2 月份全部完成。具体安排是：小河段在 1971 年 12 月份全部完成下部结构施工，保证 1972 年 1 月开始吊装主拱拱肋和上部结构。6 月以前完成桥面所有的工程。

大河段在 1972 年 2 月至 4 月进行吊装，5 月中旬完成全部的拱肋吊装。

河东的引桥区段在 1972 年 4 月全部完成。

全桥主桥保证在一年内建成通车。橘子洲支桥可以在大桥主桥通车以后完成。

1971 年 6 月 29 日下午，在设计组工作会议上，王蔚琛副指挥长传达了省市委领导前一天审阅我们大桥设计组汇报的材料后对大桥建设工作的最新指示，主要有以下几个方面：

首先，要求我们尽快把大桥正式的初步设计文件上报，以便尽早安排资金和准备施工用材。其二，关于估算的总投资金额，仍然要求控制在 2000 万元以内，要求尽量减少采用由国家统批的材料。例如，水泥尽量使用市内坪塘水泥厂生产的水泥，如果还不够，可以选用省内湘乡水泥厂生产的水泥；钢材尽量选用涟源钢铁厂和湘潭钢铁厂生产的钢材。其三，河东引道要尽量短一些，尽量少拆房；赞同橘子洲支桥向主桥南侧(上游方向)延伸的方案；河西可以直接接线到溁湾镇。其四，尽量少拆迁或者不拆迁，这样能够减少对市民的影响，也可以节约投资。其五，对于大桥初选的两个主桥方案，在保证通航的情况下，如果有可能，要尽量降低桥面标高。同时，为了加快施工进度，便于吊装且保证施工安全，大河段的主拱跨径是采用5孔100米还是7孔77~80米的方案，还需做深入比较。

同时王蔚琛副指挥长讲到，中央各部委对我们湖南省和长沙市人民修建长沙湘江大桥非常关心和支持。解放军工程兵司令员陈士渠将军曾表示，如有必要，可以派工程兵帮助建设。

国家有关领导也指示，要求武汉大桥局对长沙湘江大桥工程建设给予大力支持。为了解决我们大桥深水基础施工的难题，铁道部指派在长沙安营扎寨的大桥五处帮助完成这项艰巨的任务。

同时，省委领导还给了我们很多拓宽思路的建议。例如，小河段因不通航，是不是可以用低水头的水坝，这样可以结合发电，达到综合利用的目的；为了降低桥高，现在的通航桥孔是不是可以采用开启式桥梁等。

领导们希望我们在做方案时能够多考虑一些方案，不必拘泥于传统方式。湖南人，就应该敢为人先！

主桥76米跨径是最理性的选择

为了配合大桥工程建设的总体时间安排，尽快落实各项具体设计任务，加快设计工作进度，工程部领导对设计组人员重新做了分工，将设计组人员细分为7个小组，并明确了每个小组的具体工作任务。其分工情况如下：

1. 总体组

主要任务：主要负责各小组间的协调与技术衔接。

成员：唐永兴、周义武、李少豪、李继生、杨开华。

2. 外业测量组

主要任务：主要负责大桥桥址地形图的测绘。

成员：朱若常、徐昭德、黄梅清、高志云、夏守俊、胡汉华、冯树云。

3. 结构组

主要任务：主要负责主桥50米、76米和100米三种跨径的主拱设计。

成员：周义武（负责人）、徐厚兴、韩雪泉、沈汉、张梦龄、吕邦杰、张元星、黎培辉、李晚成、黄裘、张克早、雷鸣、谢国安、常淼洲。

4. 地质水文组

主要任务：主要负责大桥桥址区域的地质报告及施工水文资料分析。

成员：余太舫、叶士杰、彭恒、吴早生、李文。

5. 工程预算组

主要任务：主要负责编制工程预算。

成员：石国民、杨云、李永兴。

6. 施工组

主要任务：主要负责提出上、下部结构的主要施工方法和需要的机具设备数量。

成员：程翔云、杨义凯、上官兴、陈义鑫、葛先树、刘海梅、萧桂琰。

7. 试验组

主要任务：主要负责有关试验项目。

成员：宋德云、曾德宗。

设计组人员重新分工后，尽快确定大桥具体的技术指标就成了刻不容缓的首要任务。

当时，我们根据大桥设计要求"适用、安全、经济、美观"的基本原则，在已经确定主要技术指标的前提下，长沙湘江大桥工程设计中还必须解决三个重要问题：首先是合理选择主桥的跨径，其次是合理选择主拱圈的拱肋条数，第三是如何避免、防止宽桥主拱圈的开裂。当年就有已建成的双曲拱桥主拱圈出现拱顶区段纵向裂缝的问题。这些裂缝一旦出现，将会大大影响桥梁的质量和使用寿命。

在这三个重要问题中，对于长沙湘江大桥河东区段，合理选择主桥跨径则是重中之重。因为跨径的选择，将影响到大桥的经济性、安全性、美观性、施工难易程度性等各个方面。因为东河槽全宽约555米，而主拱跨径到底是选用7孔76米还是5孔100米，这就成了关键。

如果跨径选择100米，它的突出优点是桥形美观，并减少了主河槽内难以施工的桥墩数量，从而可以加快下部结构和全桥的施工进度，而且还可以适当降低桥面标高，缩短河东引道的长度等。但它的最大难点是，主拱的拱肋长度太长，当采用无支架施工法施工时，吊装拱肋的重量和长度都很大。受当时我省施工设备和施工经验的限制，吊重不能太重，长度不能太长，这样就造成每一条拱肋必须分成多段进行吊装。

根据当时国内的经验和教训，以及湖南省的施工经验水平，100米跨径的拱肋必须分成五段才能完成吊装施工。由于五段拱肋在跨中有四个接头需要现场连接，这就十分困难，而且还需要承担很大的风险。

当时我国采用五段吊装施工方法建设的桥梁很少，成功的经验也有限，最有名的是1968年广西修建完成的灵山县三里江大桥。该桥就是一个用五段吊装完成的范例，给了我们很多的启发，同时也告诉了我们采用五段吊装施工的艰难和存在的巨大风险。

那是在1968年初，交通部在无锡召开了会议，把"双曲拱桥无支架施工"列为重点科研项目，召集了部分省、市、自治区的科技人员到湖北省参加攻关。这次会议以后，以郑皆连（1999年当选为中国工程院院士）为首的广西交通科技人员经过研究，首先在广西壮族自治区内成功建成了多孔跨径为 46 米的灵山县三里江大桥，首创了我国较大跨径双曲拱桥无支架吊装施工的新工艺。

交通部认为这座桥的意义在于，它"打破了上千年修建拱桥必须利用支架的惯例，首创了我国桥梁大跨径双曲拱桥无支架吊装施工的新工艺，为双曲拱桥的发展做出了重大的贡献，成为当时世界拱桥建筑史上的首创和高峰"。紧接着，双曲拱桥无支架施工在广西全区得到了推广，并且吸引了全国 20 多个省、市、自治区的桥梁专家和学者到广西的灵山县三里江大桥参观学习。

随后，广西 0539 工程项目中的双曲拱桥东兴大桥（全长 122 米，桥宽 7.4 米，主孔跨径 80 米，设计荷载为汽车 -10 级和拖挂车 -60 级），也是将拱肋分为五段，采用无支架缆索吊装施工方法完成的（图 5-5-1）。广西通过修建试验桥摸索出的无支架施工的经验也给全国做出了表率，这对双曲拱桥的发展起到了巨大的推动作用，促进了全国双曲拱桥无支架施工方法的大发展。

当时，该桥也让我们认识到，虽然这些桥梁采用五段吊装施工方法修建成功了，但是它们都是单孔跨径桥梁，而长沙湘江大桥是一座连续多孔的大跨径桥梁，若仍采用五段吊装，这将对施工的要求更高。施工难度更大，风险也就更大。不少人也和我一样，对采用大跨径持反对态度。

不同跨径，各有千秋。在到底选择多大跨径的问题上，我们一时难以确定。

这时，国内桥梁工程界传出广东发生了一起重大桥梁工程事故（彭坑大桥坍塌事故）的消息。听到这个消息后，指

图 5-5-1 作者手绘的广西
东兴大桥桥型图。

挥部领导立即指派设计组军代表和设计组组长唐永兴专程去
广东彭坑大桥事故现场一探究竟。

几天后，唐永兴和军代表从广东彭坑大桥考察返回，在
设计组内讲述了考察的情况，并深刻分析了大桥事故的经验
教训，大家听完后，都受到了极大的震撼和教育。

1971 年，广东龙川的省道上跨越深谷的大跨径双曲拱
桥——彭坑大桥，主孔跨径达 150 米，在施工过程中支架坍塌，
造成了 60 多人死亡，其惨状令人触目惊心。

事故发生之后，需要及时对大桥进行修复。由于桥下面
是峡谷，交通运输十分不便，所需的钢拱架又不能及时运到，
而且几个月后峡谷下面的水库就要蓄水，继续采用原来的双
曲拱桥形式施工显然很不现实。彭坑大桥最后放弃了原来的
设计方案，重新在峡谷里设计了 2 个高 67 米、跨度 80 米的
预应力混凝土悬臂式刚构。

彭坑大桥的坍塌事件在全国桥梁界引起了极大的震荡，
再一次给我们提了一个醒，我们选择桥型方案必须慎之又慎，
人命关天的工程项目绝不能冒进。

残酷的事实深深触动了我们设计组的每一个人。建桥本
是为民造福的好事，但设计或施工中的任何一点点疏漏，都
会给百姓带来毁灭性的灾难。对于每一位受害人和他们的家

庭，那都是巨大的悲痛和无法挽回的损失。在死亡人数这个冰冷的数字后面，是一个个家破人亡的惨剧。设身处地为这些家人想想，我们怎么都不可能无动于衷。设计组全体同志的心情都异常沉重，大家有了前所未有的责任和压力。

彭坑大桥重大事故的经验教训，让我们认识到大跨径双曲拱桥，尤其是采用无支架方法施工的双曲拱桥，设计和施工都可能存在不可预见的隐患，不怕一万，就怕万一。在选择主桥跨径时，只要该跨径能够满足通航要求，就应该本着"宜小不宜大"的思想，采取稳妥的设计方案，以确保大桥设计施工的绝对安全。

让人欣慰的是，这时大家很快就达成了共识：大跨径的确有很多难以割舍的优点，但就目前的条件来看，采用76米跨径是最理性的选择。这也正符合我最初的想法，是我一直力推的那个"稳妥方案"。

造桥是关乎子孙后代幸福安康的事情，小心驶得万年船，这也是我一直信守的原则。

施工在即，设计压力倍增

　　1971年7月9日上午，设计组（总体组）开会专门讨论了下阶段主要的工作项目，初步决定主孔跨径采用76米，这就需要尽快掌握按76米跨布置的每个桥墩具体位置处的地质情况，因此必须按照每一个墩位补充布置地质钻孔。

　　外业测量工作方面，要求增加布置水文基线3～5条，并要求提高基线的测量精度。结构设计方面，为了使大桥的外形整体美观，我们决定将全桥主拱圈按照坡拱进行设计，也就是全桥各孔的拱脚位置不在一条水平线上，而是随着桥面纵坡的变化而发生变化。

　　根据主桥初步设计的桥面纵坡有2.1%和1.7%两种，这样将使大桥上部结构设计工作量大大增加，也给今后的施工带来很大的麻烦。但大家想到这是为了建好大桥，让大桥更漂亮，因此都毫无怨言，仍然满怀热情地去努力完成。

　　7月24日，我主持了结构设计小组专题讨论会。为便于下阶段大桥结构设计方案的协调和一致，我们需要进一步讨论和确定一些重要的设计技术参数问题。

　　首先，我们必须明确所有设计项目必须符合当时国家颁布的相关设计规范和规程，如《桥涵设计规范》和《公路桥涵设计规范（试行稿）》（1971年版）等。

其次，我们的设计必须严格遵守相关规定，执行严格的设计审核（四级）流程，即设计、复核、校核和审定。

第三，我们再次确定了设计荷载等主要技术指标，统一了下阶段设计工作中大家将会采用的相关数据。

主拱圈采用的统一数据包括桥梁全宽20米（桥面净宽19.50米，其中，车行道宽14米，两边人行道各宽2.75米），主拱圈宽度17.80米，人行道悬臂外伸长度1.10米。

设计计算温度按照不同季节考虑，通过调查研究后确定。最高平均温度为30摄氏度，最低平均温度为3摄氏度。76米或100米跨主拱圈施工合拢（预计4月至5月合拢）温度为13摄氏度，50米跨主拱圈施工合拢（预计3月合拢）温度为7摄氏度。

会上还对下阶段工作提出了明确要求，按照主拱跨径分别为50米、76米和100米，拱肋数为6条和8条两种方案分别进行结构设计和经济比选，以供不久后将要召开的大桥设计方案审查会议使用。

会上大家一致表示，尽管时间紧，任务重，要求高，但是大家都将高标准、高质量地按时完成任务。

会后，大家废寝忘食地加班加点，努力争取早日完成任务。同时，为了对设计方案做出科学的评价，我们又积极主动进行科研项目的安排。

7月29日，我们专程访问了交通部长沙交通科学研究所和湖南省交通科学研究所，与他们商定了下阶段的试验研究项目。

8月4日下午，在设计组工作会议上，指挥部首长又传达了省委领导的指示：大桥工程总经费不要超过 2000 万元；设计方案要实事求是，不要搞形式主义，不要设桥头堡；设计工作要充分发动群众；8 月 11 日以前交出大桥上部结构设计方案的图纸以供审批等。

8 月 6 日上午，在设计组工作会议上，工程部梁平副部长首先介绍说，为加强大桥工程建设的领导力量，省市委决定派刘景泉（时任长沙市人民政府副市长）任大桥工程指挥部的副指挥长，闻言，大家以热烈的掌声表示欢迎。

梁平副部长接着说，铁道部大桥工程局已正式委派大桥工五处直接承担大桥工程的施工任务，大桥五处准备本月 20 日进驻工地，提前做好施工的准备工作，争取 8 月底开始动工。

其他项目则由省内工程建设部门承担。

对于设计组的工作，指挥部要求大家配合施工进度计划，尽快提供基础工程施工图纸供工地使用，同时加紧准备上部结构的设计文件，及时拟订拱上结构安装和拱肋吊装方案，以便加快施工进度。

对于预制拱肋和拱上结构构件的预制场地，指挥部要求大家立即做出规划，确定技术要求，抓紧时间尽快准备建设预制场地。

8 月 7 日上午，工程部召开了会议。会上梁平副部长进一步明确了前一天会议的精神，要求设计组和施工组紧密配合，为保证按时完成任务做最大的努力。同时，他一再强调，一定要注意保证设计文件的质量，决不能出现错误，否则将会造成大的损失。

南京长江大桥和上海专访记

　　大桥设计工作有序地进行着，但也出现了一些以前不曾有的问题需要及时解决，如为了避免双曲拱宽桥主拱圈出现纵向裂缝，是否设置纵缝的问题。对于双曲拱桥设计成弯桥，以及在主桥旁再增设支桥等问题，我们之前都未曾遇到过，因此也需要认真研究、摸索。

　　如果能借鉴现成的方法或经验，无疑可做到事半功倍。

　　早两年建成通车的南京长江大桥，是当时我国桥梁工程的标杆。恰好它的公路引桥和支桥（当时称为"回龙桥"）也包含了宽桥、弯桥和支桥等工程项目，采用的正是双曲拱桥形式。这些都对我们修建长沙湘江大桥具有很大的参考价值。还有，一时盛传的许世友将军亲自指挥的百余辆坦克过大桥的豪迈的检验方式，也对我们指挥部的领导和技术人员有着极大的吸引力。

　　当时湘江大桥指挥部的工作人员大多来自省市机关单位，对桥梁，尤其对双曲拱桥这个新生事物不甚了解，双曲拱桥多发生裂缝和施工事故的传闻也曾一度让他们对长沙湘江大桥的施工和耐久性产生了质疑。南京长江大桥能够平安无事地承受坦克碾压，说明我们湘江大桥采用双曲拱桥的方案也应该可行！这也将会有效地打消这些同志的顾虑。

为了确保湘江大桥万无一失，我们需要认真学习南京长江大桥的经验。指挥部首长当即决定，派人先去南京长江大桥考察学习，把他们修建双曲拱桥的经验带回来，避免走弯路。同时，考察组还可以绕道上海，去有关院校访问、取经。

1971年8月初，大桥指挥部领导指派设计组军代表彭光品同志和我一同前往南京、上海考察学习。作为大桥上部结构设计组组长的我，深知这一次考察任务的重要性。家里的同志们殷切期盼着我们的考察结果，我们这次是去学经验、找"钥匙"的。短短的一周，要跑这么多单位，必须要有的放矢，才能保证收效最大化。

出发之前，我拟订了一个考察大纲，把要考察的主要问题尽量都列了出来。

我在学校工作期间，曾于1966年和1968年两次去南京长江大桥施工现场参观；随后，对大桥公路引桥采用的双曲拱桥也做了深入的了解；并认真学习过由江苏省革委会交通局、南京市政工程公司革委会和南京市勘测设计院革委会等三家单位于1969年11月合编的《南京长江大桥双曲拱桥试验工作报告》。其中，《公路引桥第16孔桥动静载试验工作报告》内容十分丰富。这次去南京之前我又重新翻阅了一遍，将有关数据详细地做了摘要。

另外，我当时从一些传闻得知，南京长江大桥引桥的主拱圈略有开裂的现象。于是，我把它列为最重要且应深入了解的问题之一，希望能够深入了解主拱圈开裂情况及处理的方法，包括宽桥主拱圈是否需要设置纵缝，即是否分为两个桥来处理等问题。

很快，针对宽桥、弯桥，以及主桥与支桥联结处的构造等方面，我列出了14个问题，并拟订了调查提纲。当时，我在做业务准备的同时，还必须抓紧时间准备粮票。这是因为当年我国处于特殊年代，全国居民的粮油副食等主要生活物资都是凭票供应的。当时的票证不仅种类繁多，而且还分全国通用票和各省（市）地方票。

这次我们从湖南长沙去江苏南京和上海参观访问，出发前先得把湖南（或长沙市）的票证兑换成全国通用票，到目的地后再兑换成当地票证才能使用。至今，我还保留着当时使用的部分粮票和油票（图5-7-1）。

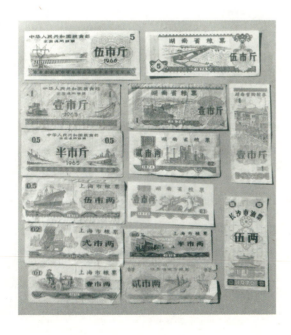

图5-7-1 作者在长沙和去南京、上海参观学习时使用的部分粮票和油票。

之后，我们带着这些问题和兑换好的粮票登上了去上海转南京的列车。

8月15日，适逢秋老虎，以"火炉"著称的南京城和长沙一样，热浪滚滚，暑气逼人，但由于我们求学心切，即使汗流浃背也全然不顾了。

我们首先来到了南京市革委会，才知道长沙湘江大桥指挥部已经与他们有过联系。我们一到办公室，他们就非常热情地接待了我们。南京市革委会专门指派了一名军代表孟同志全程陪同我们，帮助我们提前与将要去访问的单位联系。因此，我们去各单位的访问、参观都十分顺利。所到之处，我们都受到了热情接待。对我们提出的问题，尤其是技术问题，大家都是知无不言，言无不尽。

8月16日上午，我们来到南京长江大桥管理处（当时简称"三连"），并与他们进行了座谈。该处是南京长江大桥的管理单位，主要负责维修和管理大桥公路引桥和接线工程。在座谈会上，管理处负责人史同志给我们详细介绍了大桥的总体概况和建设情况。他介绍说，南京长江大桥是一座完全由中国人自己设计和建造的跨长江的特大桥梁，它已成为南京的"城市符号"（图5-7-2）。

该桥在建造初期曾有苏联提供帮助的承诺，后因中苏关系破裂，苏方拒绝向我们继续提供钢材而使我们陷于困境。当年我们自力更生，采用鞍钢生产的桥梁专用钢材，最终完成了大桥的建设。

南京长江大桥是铁路公路两用桥，由正桥和引桥两个部分组成，上层为公路桥，下层为铁路桥。铁路桥于1960年1月18日动工，1968年9月30日建成通车；公路桥于1968

年 12 月 29 日建成通车。

公路桥正桥长 1577 米，引桥长 3012 米，设四车道，桥宽 19.5 米；铁路桥全长 6772 米，宽 14 米，铺设双轨，可供两列火车并行对开。

接着，史同志又详细地介绍了公路双曲拱引桥部分的情况，并将公路桥通车后在养护方面所发现的问题，以及分析和处理方案给我们一一做了介绍，如拱顶区段拱波纵向开裂的问题，桥面伸缩缝问题，漏水的问题，西桥头下沉的问题，等等。纵向裂缝是由于桥梁较宽，主拱圈横向刚度比较小而引起的。这个经验教训也正是我们想知道的，太宝贵了，绝对是不虚此行！

8 月 16 日下午，我们又去了南京市城建局。局负责人洪德厚同志说，他们从 1966 年 9 月就开始酝酿公路引桥采用双曲拱桥结构，直到 1968 年 4 月完成设计，1968 年 5 月开

图 5-7-2　1970 年外文出版社发行的庆祝南京长江大桥通车照片集之一（作者收藏）。

始准备施工修建，最后进行动、静载试验，达到合格验收后才交付使用。同时他还详细介绍了弯桥、坡桥、宽桥和支桥的设计和施工的经验。如对于平曲线半径为 500 米的弯桥，采用"曲桥正做"的方式，墩台可做成弧形，坡桥可做成高低拱脚（也就是正拱斜放）等。

最让我们激动的是听他满怀激情地回顾了许世友将军用坦克车做检测大桥质量试验的情景。我们听得很认真，唯恐漏掉了一个字。

洪德厚娓娓道来。1969 年毛主席视察南京军区时，在许世友将军陪同下参观了南京长江大桥，毛主席问许世友，南京长江大桥能否满足战备需要。为了检验大桥的作战能力和部队的应急能力，1969 年初，许世友决定从苏北调一个装甲队从大桥上通过。在试验之前，用当时吨位最大、重量达 32 吨的两辆重型坦克进行了测试，结果令人满意，大桥完全能够承载重型坦克。

经过周密的布置和测试准备，1969 年 9 月 25 日上午 9 时许，由 4 辆三轮摩托前行开道，2 辆宣传车紧跟其后，接着是许世友将军的指挥车，后面跟随的是 118 辆装甲车，车距为 50 米，一字单行，缓缓驶过大桥。整个车队延绵了五六公里。到上午 11 时许，历时两个小时，整个车队通过大桥。

据当时的媒体报道，有 60 万群众目睹了这一壮观的历史画面——百辆坦克渡大桥，如此工程验收的盛况，古今罕有，这也是当时在军民中流传的一段佳话。

通过经验介绍和交流，我们倍感充实，笔记本都记录满了。在他们的陪同下，我们随即去大桥的公路引桥进行了实地参观学习。

当天下午，我们马不停蹄地来到南京市勘测设计院。该院是南京长江大桥公路桥的设计单位。接待我们的有负责人和主要设计人员钱崇德、宰秀文等同志。他们早已得知我们此行的目的，并做好了充分准备，对我们的问题一一做了解答。

在设计时，他们考虑加强横向联系，多做了横隔梁及拉杆，同时还做了横向分布试验。对于宽桥裂缝问题，由于影响因素较多，他们曾在当年3月份做过一次现场调查，仅18号孔拱顶有一条纵缝，其他孔没有，但是在部分拱桥的其他部位，有一些不属于重大隐患的局部裂缝稍有发展，因此他们计划做进一步的研究。关于坡桥，他们采用了3.0% ~ 3.17%的纵坡，拱轴线采用的是六次抛物线。

最后，我们还共同探讨了连拱和制动墩的设计，第3 ~ 7孔拱跨处于弯道上的弯桥的设计，栏杆及灯柱的选型和设计，双曲拱桥桥头引道的设计，桥面接缝处理问题，等等（图5-7-3）。由于双方都事先有所准备，我们谈得很顺利，提出的问题也都得到了圆满的解答。

8月17日上午，我们在南京军代表的带领下拜访了南京市政公司沥青厂。该厂负责人李福德主任向我们做了详细介绍。

根据介绍，南京长江大桥的路面铺砌面积一共是106000平方米，全是石油沥青混凝土，工期是在冬季，当时温度只有0 ~ 5摄氏度。在设计过程中，他们对所采用的设计标准做了对比和研究，根据中国的实际情况，因地制宜，摒弃了当时推行的"苏联标准"，而采用了"上海标准"，这样可以做到冬天不开裂且不散，夏天不出现波浪形且不发软。他们还分享了施工中的一些经验，比如什么样的沥青合适，随温度而变化的最佳用油量，哪种沥青砂比较好，如何摊铺，如何压实，等等。

随后，我们又在厂区参观了生产现场。李主任继续讲解了更多的细节，还建议我们如果在长沙使用，可以采用3厘米厚的细粒式的沥青混凝土，这样可省一半的钱，而强度并不受影响。这些经验都是他们在施工过程中一点一点积累的，如今毫无保留地传授给了我们。他们只有一个愿望，希望能够多快好省地把长沙湘江大桥建设起来。用他们的话说："为毛主席家乡做贡献，为长沙人民做贡献是我们的光荣。"

这次南京之行，一路绿灯，收获也是巨大的。拜访过程中，我们不止一次被大家的倾力帮助所感动。

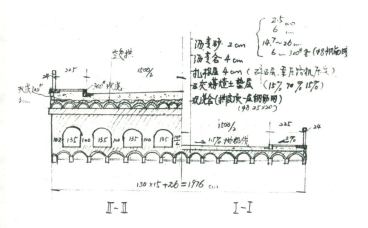

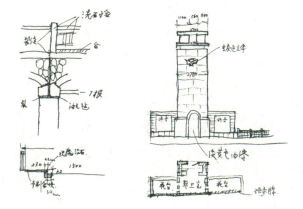

图 5-7-3 作者在南京专访
期间的手绘笔记。

代购清单

　　在南京的调研完毕后，我们又转战上海，先后与上海市政设计院和同济大学科研所的技术人员进行了座谈，具体探讨了双曲拱桥的宽桥、弯桥和坡桥的设计、施工方面的问题。从理论到实践，从经验到教训，我们同样收获不小。由于我们平时业务联系多，相互比较熟悉，交流也十分融洽。会后我们还收集了不少有关双曲拱桥的资料，这些对我们后续工作都有很大的帮助。

　　写到这里，我不禁想起当年的一些往事。

　　20 世纪 70 年代，中国还处于计划经济时代，物资匮乏，市面上买东西需要各种各样的票证，如粮票、布票、糖票、肥皂票等，商品的种类也很单一。只有北京、上海等大城市的货品比其他地方相对丰富一些。但凡有人出差到这些地方，大家都会托其带一些紧俏的物品。

　　这次我恰好要在上海短暂停留，很自然，大家都托我带这个买那个，我也乐意为大家服务。同往上海的彭光品身穿军装不便去南京路商场进进出出，只能由我一个人独自去南京路"办货"。我能利用的时间只有乘车离开上海之前的几个小时，所以得快进快出，抓紧时间照单采购。

这次托办的商品品种繁多。翻看当年记事本上记载的代购清单，我在忍俊不禁的同时，内心还不免生出许多感慨。

1. 老李托带儿童玩具汽车 1 辆，预收 5 元，实支 6.60 元；

2. 老柴托带 22 码塑料鞋一双（1.48 元），蜂蜜 1 斤（2.20元）；

3. 老陈托带 39 码皮鞋 1 双（4.10 元）；

4. 老王托带男女孩毛线帽各一顶（2.50 元）；

5. 老程和老夏各托带洗衣粉 2 包（0.48 元）；

6. 老彭托带棕色或黑色（粗、细格子）灯芯绒布 16 尺，预收 20 元，实支 24.24 元；

7. 老贺拖带直径 0.8 厘米有机玻璃扣 40 粒（6.66 元）；

等等。

大家托带的物品，我都尽力采购。遗憾的是，另外还有多人托买奶粉和白糖等，由于上海也是凭票供应，我就无法完成任务了。而我自己因家中妻儿都不在身边，也就无急需采购之物，只因岳母年轻时曾在上海生活过一段时间，比较新派，喜欢咖啡和巧克力一类，正好上海有供应，虽价不廉但质优，我也就满心欢喜地买了一大包带回长沙。

这次南京路采办，我总算是基本完成任务，满载而归。

返回长沙后，我们及时整理好考察报告，于 8 月 25 日下午，向指挥部首长做了汇报。

参加汇报会的有王蔚琛副指挥长、刘景泉副指挥长和张副参谋长等。我们把这次考察的方方面面做了详细汇报。各位首长听得很认真，相继问了一些问题，我们都一一做了详细的回答。随后，两位副指挥长着重提道，对于防止宽桥拱波纵向裂缝以及是否设置纵缝等关键问题还需要继续认真调研。

　　最后，张副参谋长做了总结，肯定了我们这次南京、上海之行的收获，并提出了几点建议：第一，一定要注意大桥基础问题，否则对大桥的长远、安全使用影响很大；第二，对于裂缝是否影响到大桥质量这一问题要认真研究；第三，桥面伸缩缝要处理好，不能漏水；第四，大桥路面施工可以借用他们的成功经验；第五，大桥的路灯可以适当选择便宜一些的。

　　1971年8月26日，我又向设计组的同志做了详细的技术方面的汇报，主要是如何吸取南京长江大桥的经验教训，重点在如何防止和处理各种裂缝的产生，如加强拱肋间的横向联系，改横系梁为横隔板，并增加横隔板的数量和增强刚度。采用波形拱板而不是平拱板，同时增设波形拱板内的钢材用量以加强波形拱板，这样可以最大限度地防止拱波纵向裂缝。另外，拱脚部分、拱波顶开裂主要是温度的原因，在施工中可在拱脚处设置钢筋网来防止。

　　同时，对于弯桥和坡桥，以及在双曲拱桥的设计和施工中应注意的问题，等等，我都做了说明。

　　最后，我给大家讲了许世友将军用坦克通过南京长江大桥的战备演习来检验大桥质量的这一事件，大家听得十分振奋。对于双曲拱桥的承载力，大家更是毋庸置疑，对自己手下的设计更有信心，对即将修建的长沙湘江大桥更是充满憧憬。

　　在大家心中，"一道美丽的彩虹"似已挂在湘江上！

关于主桥拱肋数量的一锤定音

　　长沙湘江大桥在方案设计阶段之初，在确定了桥梁宽度、主拱圈宽度以及主拱跨径之后，还有一个必须解决的问题，就是合理选择拱肋条数的问题。

　　双曲拱桥主拱圈的基本组成结构中，拱肋是最基本也是最重要的承重构件。尤其是对于无支架施工的双曲拱桥，在主拱圈施工过程中，拱肋还要起到拱架的作用，它要承受后续施工的主拱圈其他组成部分，如拱波、填平层和拱板的重量（图5-9-1）。

　　对于相同宽度的主拱圈，拱肋条数的多少决定了拱波跨度的大小。拱肋条数越多，拱波跨度越小，重量也越轻，这样每条拱肋分别承受的重量就越小，拱肋本身的尺寸也就可以小一些。无支架施工的拱桥，相应地对吊装设备的要求也可以低一些，这样可以将整个施工变得更加容易，更加安全。

　　当然，如果拱肋数量增多了，预制和吊装施工就需要更多的场地和时间。而如果拱肋条数减少了，情形就正好相反。

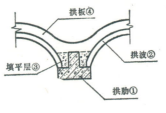

拱板④

填平层③

拱波②

拱肋①

双曲拱桥主拱圈的分环方式

图 5-9-1 双曲拱桥主拱圈构造图。

　　合理选择拱肋的条数对于双曲拱桥的无支架施工是极为重要的。因此,在拟定主拱圈跨径过程中,合理选择拱肋条数也是一个要推敲的重要问题。

　　根据当时国内双曲拱桥的设计施工经验,当建设跨径和桥宽都比较小的农用桥时,多会采用"少肋宽波"的结构形式。而我省多为跨径和桥宽都比较大的公路桥梁,因此大多采用坚实可靠的"多肋窄波"的形式,如跨径 50 米、桥宽 12 米的桥梁,拱肋多达 7 条。

　　对于长沙湘江大桥,桥宽达 20 米,主拱圈宽 17.8 米,因此,有人就建议可以采用 10 条拱肋,甚至更多。我们经过认真的研究和详细的计算比较,发现理论上采用 6 条或 8 条拱肋是比较可行的方案。接下来我们就要从施工的利弊方面对 6 条和 8 条拱肋做研究比较。

　　首先,因受吊装设备的限制,拱肋的吊装重量不能大于18 吨。这时,拱肋的尺寸就必然受到限制。当 100 米跨径的拱肋采用三段吊装时,拱肋就会又细又长,施工过程不能保证安全可靠。而当 76 米跨径的拱肋分三段吊装时,因拱肋长度较短,所以当重量相同时就可以采用较大的截面,这样可以确保施工安全。

对于含有 8 孔 76 米桥跨和 9 孔 50 米桥跨的长沙湘江大桥而言，全桥一共 17 孔桥跨，如果按照三段吊装方案施工，当采用 6 条拱肋时，全桥共有 306 段拱肋；当采用 8 条拱肋时，全桥则共有 408 段拱肋。

按照吊装施工安排的进度，如果每天安装 6 段拱肋，也就是及时完成吊装合拢 2 条拱肋，这样的结果就是，采用 6 条拱肋的方案将比采用 8 条拱肋的方案节省大约 20 天的施工时间。这对于加快大桥施工进度很有好处。但由于它的拱肋条数减少，而使拱波跨度增大，重量增加，后期的人工搬运和拱波安装都将有很大的困难。因此通过反复比较，最后大家倾向于采用 8 条拱肋的方案。

关于拱肋的截面形式，设计组也做了多方面的深入比较，拟定了多个方案，拟定的截面形式主要有矩形、工字形和倒 T 形（即⊥形）。在相同强度的条件下，根据形成主拱圈后的组合截面的受力性能和施工的方便性等综合考虑，设计组最后确定采用倒 T 形截面作为拱肋的设计截面（图 5-9-2）。

设计组在反复比较分析的基础上，对大桥主拱的跨径，宽桥主拱圈的横向不设纵缝而采用全断面波形以及拱肋横断

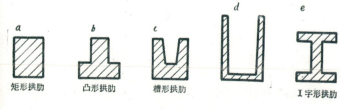

| *a* | *b* | *c* | *d* | *e* |
| 矩形拱肋 | 凸形拱肋 | 槽形拱肋 | | I 字形拱肋 |

拱肋截面形式

图 5-9-2 拱肋截面示意图。

图 5-9-3　耸立在重庆交通大学（原重庆交通学院，上图）内的穰明德塑像（下图）。

面采用倒 T 形的 8 条拱肋等问题有了比较统一的认识，形成了比较完整的推荐方案。

指挥部首长对上述主要技术指标的确定也非常重视，决定拜访我省交通系统德高望重、经验丰富的老领导穰明德副厅长（图 5-9-3），征求他的意见。指挥部与穰老联系以后，确定在（1971 年）8 月 31 日上午前往穰老家中汇报。

在拜会穰老的前一天晚上，为做好汇报，我们专门召开了讨论会。

当晚参会的人数众多，包括指挥部王蔚琛、刘景泉，市警备区张副参谋长等三位副指挥长，工程部梁平副部长，原省交通勘察设计院党委书记白玉山等。设计组参会的有唐永兴、我和李少豪等多位同志。王蔚琛副指挥长再三强调穰老事务繁忙，我们要珍惜这次与他商榷大桥重要问题的机会，去之前再认真听一听大家的意见，争取没有遗漏。

接着，由我将设计组前一阶段对上述问题研究讨论的情况和初步的结论做了详细的汇报。大家又分别做了补充和说明，最后经过讨论，得到了以下两条较为统一的意见：

第一，关于大桥桥面和主拱圈是否设置纵缝（也就是一桥分成两半来做）的问题。考虑到设置纵缝后桥面结构难以处理等不利状况，只要按照我们已准备采用的改善措施，就能保证大桥不会出现主拱圈纵向裂缝等问题，因此，大家决定大桥不设置纵缝。

第二，关于拱肋条数的问题，在综合分析比较的基础上，大家同意采用 8 条拱肋的方案。

会议结束以后，我回到宿舍连夜把晚上会议的补充意见和讨论结果整理出来，并准备好需要带去见穰老的资料。

"穰老"这个称呼，是我们交通系统的同志对湖南省交通厅穰明德副厅长最亲切的尊称。

穰老 1931 年加入红军，经历过二万五千里长征。他曾任康藏公路修建司令部政委，还是新中国成立初期为进藏部队培养人才而创建的重庆交通学院（现名重庆交通大学）的创始人和首任校长，曾任中央交通部部长助理。后调任湖南省交通厅任副厅长、省政协副主席等职。

穰老是一个学识渊博、具有丰富专业经验的专家型领导。从调任湖南以后，尤其是在 1964 年江苏首创"双曲拱桥"后，穰老在湖南就大力推广双曲拱桥。那时，在湖南的浏阳等地，双曲拱桥不再是首创时期十多米的小跨度拱桥，30 多米到 60 多米的大跨度双曲拱桥多有建造。

双曲拱桥在三湘四水的湖南得到了普及，对改善当时湖南省的交通状况功不可没。这一成绩的取得，与穰老关系很大。所以，当时在湖南交通系统，大家都非常尊敬穰老。

这天晚上，我回忆起了多年前与穰老见面的情景。

虽然我曾多次在省内交通会议上听过穰老的报告，但之前与穰老近距离接触和面谈的机会仅有一次。

那还是在几年前参加浏阳一座双曲拱桥建设工地的经验交流座谈会上，当时我正与省交通厅交通规划勘察设计院的林祥威老院长交谈，正好邂逅了穰老，林院长将我介绍给穰老。"穰老，这可是您的学生啊。"看见穰老愣了一下，林院长随后又补充说，"这是从你办的重庆交通学院毕业的学生，现在分配到湖大来当老师了。"

穰老听后，会心一笑，并主动伸出手来与我握手。我赶紧走上前握住了穰老的手，没想到我敬仰的穰老这么随和。这时林院长还补充了一句："他还是交通学院的高才生哦。"穰老赞许地点点头，连声说："好好好。"他关切地询问我来湖南工作、生活适不适应……这是我第一次和穰老近距离接触，但他的谦和给我留下了很深的印象。

　　1971年8月31日上午，我和唐永兴陪同王蔚琛副指挥长、设计组彭光品军代表以及省交通勘察设计院的白玉山书记，专程前往穰老家登门拜访。

　　唐永兴同志长期在省交通设计院工作，和穰老是认识的。我和穰老也曾见过面。当我们敲开穰老家的门后，穰老亲切地把我们一行迎进了门，一点也不生分。就座以后，王蔚琛副指挥长首先感谢穰老能够抽空接待我们，并把我们来访的目的和我们要请教的问题说明了一下。随后，我一边拿出准备好的资料给穰老一一过目，一边做介绍。

　　穰老一直很认真地听着我的汇报，听到关键数据的时候，他会打断确定一下。他告诉我们，他也一直在关注着大桥的建设，并且，为了湘江大桥的修建，他早就做了不少准备工作。例如，他预先规划修建的大跨度的"红星大桥"，跨径已经达到了108米。这也就是为修建长沙湘江大桥做了人才和技术的准备。

　　针对我们提出来的主拱圈采用6条还是8条拱肋的问题，他说："现在有种说法认为拱肋作用不是很大，这是不对的。有人认为拱肋少一点，吊装施工进度就会快一点，像这种说法就不完全正确。因为拱肋是作为主拱圈的重要组成部分，要与其他部分共同工作，所以拱肋的数量不能太少，如能够多一些，可靠性也就更高一些，所以为了增强主拱圈的整体强度，为了方便施工，我更赞成采用8条拱肋这样一个方案。当然，采用6条拱肋的想法也是很好的，但是对于宽桥，保险起见，以后在另外的单跨桥上面先去做实验就更好一些，因为长沙湘江大桥在国内影响太大了，一定要用心设计。"

关于长沙湘江大桥是不是必须在桥面设置纵缝的问题，穰老认为，根据多年的经验，像我们湖南省内这种宽桥的纵向裂缝还是比较少的。为了今后使用的方便，如果我们采用多种预防措施，防止主拱圈纵向开裂的话，应该是可以避免拱圈开裂的。所以他也觉得，应该可以采用整个主拱圈不设纵缝的方式。这样就有利于施工，对于今后的使用和养护都是比较好的。

穰老还给我们提出了不少建议，他强调一定要保证大桥的主体结构有足够的强度、刚度和稳定性。对于"少肋宽波"这个问题，他认为拱波的跨度大，不利于今后采用人工安装。现在我们是希望少用机具设备，能够"土洋结合"，快一些把大桥建成。所以，穰老认为采用8条拱肋是妥当的。

最后，穰老也预祝大桥能够早日顺利地建成。

穰老的一席话，有理有据，帮我们理出了轻重缓急，让我们一下子豁然开朗。我们对穰老发自内心地感谢，随后依依不舍地与穰老道别，返回了指挥部。

经过穰老的"一锤定音"之后，王蔚琛副指挥长要求我们尽快落实穰老的意见和建议，抓紧时间落实各项具体的设计任务。

第二天（9月1日）上午，我们结构组召开了会议，具体落实指挥长和穰老的意见，确定以"8肋方案"作为当下的设计基础，重新安排人员完成各项工作。

下阶段需完成的任务分工如下：

1. 76米（矢跨比为1/8）拱桥上部结构由沈汉、张元星、常淼洲、雷鸣负责；

2. 50米（矢跨比为1/6）拱桥上部结构由徐厚兴、韩雪泉、张梦龄和张克早负责；

3. 东岸引桥暂按3孔30米（矢跨比为1/10）拱桥布置，由吕邦杰和谢国安负责。

到此时，大桥设计组开始编制设计文件，准备尽早上报审批，以便早日完成大桥施工图设计，争取早日动工建设大桥！

庆祝大桥开工

　　1971年9月2日上午，指挥部召开了有下属各部门干部参加的工作会议。会上王蔚琛副指挥长传达了一个振奋人心的消息。省市委领导确定在9月6日上午正式举行开工典礼，要求长沙湘江大桥工程比原计划提前动工，但仍要求大桥在一年内建成。

　　有关庆典的具体工作，已交由政宣部和后勤部等单位提前做了布置和准备。他同时宣布，为了确保工程能够顺利完成，将在指挥部下增设两个分指挥部。

　　长沙湘江大桥的建设得到了铁道部的大力支持，他们委派铁道部大桥工程局设在长沙的大桥五处参加长沙湘江大桥的建设工作。该处曾经参加过长江大桥的建设，具有丰富的大桥基础施工经验，并拥有强大的基础施工机械设备，因此，长沙湘江大桥基础施工中最为困难的水下施工任务都将交给大桥五处来负责。

　　为更好地协调有关工作，指挥部以大桥五处为骨干，联合大桥设计组内负责下部结构设计工作的同志，成立了第一分指挥部（简称"一分指"）。今后有关工作将由刘景泉副指挥长具体领导，由工程部副部长熊飞协助。

大桥五处的领导和职工得知能够参加长沙湘江大桥工程建设，都很兴奋。同月 20 日，他们正式进驻工地，积极准备施工所需要的机具设备，摩拳擦掌地等着开工了。有了他们的支援，大桥工程按时完工又多了几分胜算。

同时，根据省市委有关决定，长沙湘江大桥所有的上部结构工程，以及河东引道引桥工程和橘子洲支桥工程等项目，全部交由本省具有丰富施工经验的省交通厅原公路工程处的施工公司具体负责。这样，在指挥部的下面又增设了第二分指挥部（简称"二分指"），具体负责以上项目的工程施工指挥或协调任务。为了方便工作，二分指就设置在橘子洲大桥工地旁边，这也是我们设计组往后在工作中联系、开会最多的地方。

王蔚琛副指挥长还特别指出，由于目前大桥的设计文件尚未完成，按规定，整个设计项目还将通过指挥部"'三结合'设计审查小组"主持的当月 20 日至 23 日召开的审查大会进行严格评审后才能最后完成。当前为保证大桥能够按时动工，我们暂时只能采取"边设计边施工"的方式进行。因此，他要求设计组抓紧时间，一方面准备送交审查大会所需的各种文件和汇报资料，另一方面还必须紧密配合大桥的施工进度，首先提交大桥基础施工的必要图纸，以保证大桥的顺利施工。

会后，大家分头开始忙碌。

我们设计组更是丝毫不能懈怠，明确了抓紧完成送审文件的编制工作。送交大会的审查报告，大桥下部结构部分由李少豪负责编写，上部结构部分由我负责编写，最后由唐永兴负责汇总完成，并做好向大会报告的准备。

　　9月6日即将动工的日子越来越临近，我们也越来越兴奋。长沙市民百年来翘首以盼的梦想终于就要实现了。同时，我们的压力也越来越大。开工前，我们的设计图纸必须提前完成并交给施工单位。大桥建设正式动工的帷幕即将拉开，这也就将我们设计组推到了台前！

　　终于迎来了1971年9月6日这一天！

　　上午，在湘江大桥桥头的施工现场，举行了极其隆重的"长沙湘江大桥修建开工典礼"。近万人出席盛典，场面非常隆重（图5-10-1）。

图5-10-1 长沙湘江大桥修建开工典礼。

今天，我相信不少长沙老居民还记得当年的开工盛况。出席典礼的有省市委领导景林及李照民等同志，众多的大桥建设者，包括大桥五处和各个民兵团（当年我们工地的编制办法就是参照部队的方式，以团、营、连、排称呼），以及我们指挥部各单位的代表。

开工盛典上，时任长沙市委第一书记、长沙市革委会主任景林同志宣布："长沙湘江大桥建设工程正式动工！"话音一落，整个会场锣鼓喧天，欢呼声和鞭炮声响彻云霄。

那时我们设计组任务压头，都在加班加点赶制施工图纸。大家各自忙着手上的工作，很遗憾在这样激动人心的时刻不能亲临现场，只能派出代表参加。我有幸被列为代表。典礼结束后，我赶回设计组给大家分享了盛况的细节。

开工盛典一结束，在工地现场，靠大河橘子洲西岸的河滩上早已准备就绪的 6 号墩基础沉井立即进行混凝土浇筑。这时，聚集在两岸观看的数万群众欢呼雀跃——动工了！终于动工了！

"三结合"严把设计关

在大桥动工半个月后，大桥指挥部召开了"长沙湘江大桥工程'三结合'设计审查会"（以下简称"'三结合'设计审查会"）。

出席会议的首长有：李玉亭指挥长，刘贵副司令员，刘景泉、王蔚琛副指挥长，工程部梁平副部长，彭光品军代表，省交通厅穰明德副厅长，大桥五处负责人顾副主任，大桥民兵工程一团冯春清，二团负责人，省建三团负责人佘国良及省市有关基建单位的代表等数十人。

大会首先由刘景泉副指挥长讲话，他简单地回顾了长沙湘江大桥工程的筹建过程，以及当前设计文件的完成情况。他同时指出，湖南省曾经修建过一些大桥，但像长沙湘江大桥这样的大桥还是第一座，在全国也尚无先例。因此，修好这座大桥的意义重大，它是战备桥、革命桥、幸福桥和外事桥，一定要高标准完成，这也是召开"三结合"设计审查会的目的所在。

刘景泉副指挥长指出，审查会将持续三天。具体安排是：

1. 9月20日，听取关于贯彻设计革命化的报告，并分组讨论；

2. 21日上午听取设计组的报告，下午和晚上分组讨论，提出修改意见；

3. 22日上午集中讨论大桥工程概算，下午大会总结，并将正式成立"长沙湘江大桥'三结合'设计审查小组"，作为今后大桥技术审查的具体负责机构。

会议要求大家集中精力开好大会，不分内行外行，畅所欲言，要以临战姿态加速建设大桥，争取早日建成大桥。

接着，刘贵副司令员做了重要讲话。他再一次强调了建好大桥的重大意义。同时对国际、国内形势和建设大桥的具体要求都做了全面的论述。最后他讲到，长沙湘江大桥工程时间紧，参加的单位多，大家要加强团结、相互支持、紧密配合，为"多快好省"地早日建好大桥贡献力量。

大会结束以后就分小组讨论，准备第二天的会议工作。

9月21日上午，首先由唐永兴代表设计组向大会报告了大桥工程设计方案（图5-11-1），主要内容有以下几个方面：

1. 大桥的桥位和水文地质情况；

2. 大桥的主要技术指标，如设计荷载、通航标准等；

3. 主桥、东岸引桥和橘子洲支桥的桥型布置及主要结构形式；

4. 大桥的总体工程项目规模：大桥全长1655米，其中正桥 1142 米（由东岸大河段和橘子洲共 8 孔 76 米，西岸小河段 9 孔 50 米桥跨组成），东岸引桥 113 米，橘子洲支桥 400 米，河东岸接线长 181 米，西岸接线长 1050 米，大桥概算等内容另见《长沙湘江大桥工程概算书》（以下简称《概算法》）；

5. 桥面铺装为沥青混凝土路面；

6. 行道构件为悬臂式(悬长 1.2 米)钢筋混凝土预制构件；

7. 主桥上部结构施工：主拱圈的拱肋分三段，全部采用无支架缆索吊装方式安装，吊重控制在 18 吨（另加行车重 2 吨）。

接着，由大桥五处代表林国雄向大会报告大桥基础工程设计和施工方案：

1. 基础情况和主要工程数量：大桥主桥 17 孔，共有桥梁墩（台）18 个，总的工程量是混凝土 4.1 万立方米，砖石圬工材料 7 万立方米，土方工程 10 万立方米，全桥基础沉井总下沉量 130 多米。

2. 基础形式及施工方案：对于 1、2、3 号墩，因位于河东主河槽内，将采用浮鲸板桩围水，水下清基，水下混凝土封底，水下砌筑基础和墩身。其他墩台基础分别采用筑岛沉井、就地浇筑沉井、砂土草袋围堰或明挖等多种方式进行施工。

3. 施工设备和场地安排：橘子洲上设混凝土拌和场一个，安装拌和机 3 台，另设水上混凝土拌和船一艘，专供 1 号至 4 号墩使用。

4. 工期安排：根据总体施工进度和上部结构施工的要求，初步估计小河段基础在 1971 年 12 月以前完成施工，大河段基础在 1972 年 3 月底前完成施工。

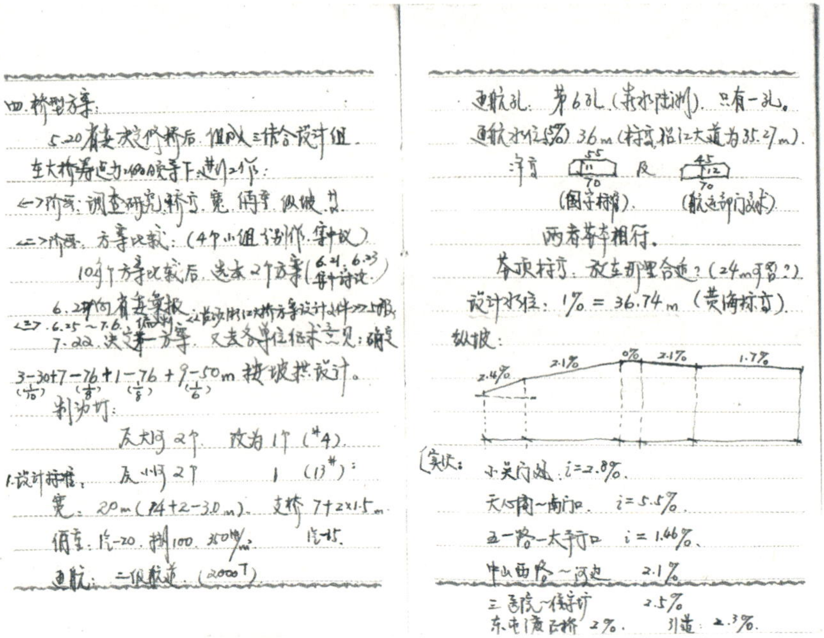

四.桥型方案：

5.20 省委决定修桥后，组成三结合设计组。

在大桥筹建办公室领导下进行工作：

(一)阶段：调查研究桥高、宽、荷载、纵坡等。

(二)阶段：方案比较：（4个小组分别作、审议）

10多个方案比较后，选出2个方案（6.21、6.23 集中讨论）

通航孔：第6孔（东水陆洲），只有一孔。

两者基本相符。

纵坡：

2.4%　2.1%　0%　2.1%　1.7%

实况：小吴门处 i=2.8%。

天心阁~南门口　i=5.5%。

五一路~太平街口　i=1.46%。

中山西路~河边　2.1%

东屯渡公桥 2%。　引道：2.3%。

图 5-11-1　作者为“三结合”设计审查会的召开所准备的资料（大桥工程设计方案）手稿。

二、结构设计情况：

1. 上部结构

大跨 主拱圈

	l_0	p_0	m	h_m	B_m	肋数	拱波型式	l_0	p_0	s	δ	矢拱底	小拱 δ_1	p_0	h_m	立柱(5根)	帽等尺寸
大河	76m	$\frac{1}{8}$	2.24	130	1780	8		167	64	85.5cm	28cm	552	$\frac{1}{8}$	20	60×80cm 80×89cm 70×30 h=50	
小河	50m	$\frac{1}{6}$	2.24	101	1780	8		174.5	64	81cm	17cm	500	$\frac{1}{8}$	30	50×80cm 60×89 70×30 h=50	

拱上侧件 预制块.

横系梁 每排立柱下一根

大河 每跨11根

小河 …… 9根

(小拱 76元 比20元与30元相比.
需用40元钢材(约2.4吨)而减少全部650 m³
(约108支). 亚减少灯台材料用量).

桥面结构：

① 桥面铺装, 厚30cm.

沥青碎石 6~7m (高出60号甲).

三碴填料 需炉碴 8000 m³.

② 防水层：一层②作.

③ 桥面排水： 1.5% 抛物线型.

2. 下部结构：

大河： 刷功灯一个 B=8.0m (1/30) 翻模浇筑
普通灯 B=3.0m ℓ=2.5m

金身

小河： 刷功灯一个 B=5.0m
普通灯 B=2.4m

麻石灯身

基础：

$1^\#$ $2^\#$ $3^\#$ 钢板桩围水码桩

$0^\#$ $4^\#$ $5^\#$ $6.7.9.10.11.17^\#$ 全部采用

沉井基础

$12^\#$~$16^\#$ 钢围堰形扰基础

(现 $12^\#$ $13^\#$ 拟二单位技术改 沉井)

$4^\#$灯 (若为圆形 R=11m).

普通灯结构图 (尺见后表).

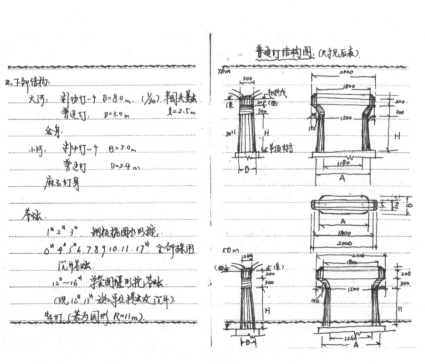

5. 劳动力需求：按各阶段工程量的完成要求，在基础工程全面开工的情况下，每天需要劳动力约 7000 人（不包含义务劳动力人数）。

在汇报上、下部结构设计文件的同时，设计组还向大会提供了数百张大桥设计方案图和《概算书》供会议审查。

21 日下午和晚上，大会分三个小组分别对大桥总体设计、下部结构设计和上部结构设计进行专题讨论。

我所在的第三小组，主要是研究讨论上部结构的设计方案。会议安排我和省建三团负责人佘国良担任组长并主持讨论会。

第三组与会的单位和人员名单如下：

1. 大桥二分指：许泽友、邓怡昌、连优元、赵克强、杨云富、林政潮。

2. 省建三团：佘国良、刘楚南。

3. 省机械化施工大队：梁术聪。

4. 大桥五处：苏传义、陆维林、潘先煌①。

5. 大桥民兵一团：冯春树。

6. 陆运公司：李如科。

7. 陆运公司测设大队：张杏芬、方资中。

8. 陆运公司吊装队：向月友。

9. 大桥指挥部：周义武、杨义凯。

注①：又有称潘显煌。

根据会议要求，我们小组探讨的主要问题有：

1. 河东引桥和橘子洲支桥的结构形式要注重美观要求和构造细节；

2. 施工场地布置要方便制作、运输和安装，如又大又重的拱上立柱和横梁不能安排在新河预制场，而应安排在桥边预制场；

3. 拱肋、拱波等构件在保证安全可靠的前提下要方便预制、运输和安装等。

9月22日上午，各小组重点讨论了工程的概算报告。《概算书》详细说明了大桥主要工程项目和概算金额。

《概算书》首先介绍了大桥概算编制的过程，其中有关工程数量是按结构设计文件统计而得到的；占地及临时工程费用等按估算确定；定额来源是根据我省多年来修建双曲拱桥的经验汇总，再加上长沙的单价综合考虑编制的。

概算的主要项目有毛泽东思想宣传费，用地及拆迁费，河东河西桥头引道引桥、橘子洲支桥和正桥工程费，临时工程费，机械购置费，科研试验费，不可预见的工程费和生产间接费用等10多项。

最后得出，长沙湘江大桥工程项目初步总概算金额为2172万元，所需劳动力约262万个工日，所需三大主要材料为钢材2255吨、水泥22725吨、木材13712立方米。

在审议过程中，有代表明确指出，省委领导一再强调，大桥工程建设费用必须控制在2000万元以内。因此需要修改预算。通过认真讨论，大家意见很一致，在保证工程质量和安全的前提下，再尽量压缩一些非建设性的支出。大会最后提出了一些可以适量缩减的项目和经费：

毛泽东思想宣传费减15万元，美化环境工程费减15万元，信号设备费减5万元，临时工棚费减9万元，施工便桥费减20万元，试验研究费减18万元，不可预见的工程费减10万元，生产间接费减80万元。

以上共减少预算合计172万元。这样就把长沙湘江大桥工程总预算牢牢地控制在了2000万元以内。终于解决了预算超支这个棘手的问题。

下午，大会进入最后的议程，举行总结大会。

会上，首先由省交通厅穰明德副厅长做总结发言。

穰老赞扬了长沙湘江大桥工程的启动，说这将是一项湖南省人民的伟大成绩，终于实现了长沙人民百年来的愿望。他说："长沙湘江大桥采用的双曲拱桥结构是我们国家首创的具有我们民族风格的新桥型，它符合我国的国情，适合于当前的生产发展水平，可以做到'土洋结合'，充分利用人民群众的力量修建大桥，因此也是我们长沙湘江大桥的巨大成绩。"

同时，穰老肯定了我们在大桥设置了制动墩，因为对这样的大桥，为了满足战备和施工的需要，就必须设置制动墩，不过他也提出了一些具体的意见。比如，制动墩在结构形式和尺寸方面还需要深入研究，可以考虑采用矩形或直径达22米的圆形；河东引桥一定要注意美观要求，路堤不能太高，拱桥跨径不宜太大，应该多做方案比选。

在施工方面，他要求我们一定要提前做好施工组织设计，不能打无准备之战。为了保证一年完成，下部结构施工必须抓紧完成。

穰老这番话让与会者很受启发，他所提的意见对我们下一阶段的工作有切切实实的指导意义。穰老鼓励我们再接再厉，早日建成大桥。

刘贵副司令员做了会议总结，他指出这次审查会开得很好，很及时，取得了很大成绩。同时，他要求今后各单位加强团结，"多快好省"地建好大桥。然后，他宣布了"长沙湘江大桥'三结合'设计审查小组"的组成名单，并指出今后有关设计工作中的重大技术问题，都必须经过审查小组的审核，如果有分歧，将通过该小组协调解决。

审查小组拟定由干部、技术人员和工人等 11 人组成，先期确定的人员共有 7 人：大桥指挥部王蔚琛副指挥长、唐永兴和周义武，大桥五处赛云生、林国雄，大桥二分指杨云富和赵克强。另外，大桥民兵一团、二团等单位的人员待确定。

当大会议程全部完成以后，李玉亭指挥长宣布大会圆满完成任务，胜利结束。

在这次大会上，我们的设计方案得到了与会人员的好评和肯定。设计组全体同志都十分高兴，并表示将团结一致，抓紧时间完成大桥施工设计文件的编制，以加快大桥的施工进度。

第六章 / 间奏：边设计边施工

被推至台前的设计

"三结合"设计审查会结束以后，工程部召开了全体人员会议。

刘景泉副指挥长回顾了自9月6日大桥正式动工以来，根据指挥部对大桥工程总进度的明确要求，大桥五处进驻工地后，就积极为下部结构的施工在做准备。他们已将建设三线铁路工程的民工转调至长沙湘江大桥工地，组建为大桥建筑工地的民兵团。

同时，省市领导对大桥的建设也十分重视和支持，从全省各地为大桥工地抽调来了8000多名民兵，长沙县也增派来700多名民兵，现已组建成了多个大桥工程民兵团。也就是说，根据目前大桥的用工计划，所需要的民兵队伍已经全部到齐了。

据调查，湘江从9月开始将逐步进入枯水期，这将是大桥下部结构施工的黄金时段。因此，在10月中下旬以后，大桥施工将达到高潮。

刘景泉副指挥长还指出，大桥工程部作为大桥指挥部的参谋部，如何促进这个建设高潮的到来，如何按照新要求、新形势来安排工作就变得极其重要了。

为了保证大桥工程建设的顺利进行，指挥部将对工程部做适当调整——在原有的设计组、施工组的基础上再增加一个军务组，以加强对大桥民兵队伍的管理和教育，提高出勤率和工效。刘景泉副指挥长要求军务组与施工组紧密配合，加强大桥施工现场的组织和管理，以保证大桥建设任务的顺利完成。

同时，以省交通厅原公路工程处的施工公司为主体的大桥二分指也已入驻橘子洲工地，正在做大桥工程施工的准备工作，因此按照工程进度的要求，设计组必须尽快提供下部结构基础工程的施工图纸。

这次会议结束以后，我们设计组也及时召开了会议。会上，首先由唐永兴和我分别传达了"三结合"设计审查会对我们设计方案的意见和建议，我们将以积极的态度和努力的工作来贯彻执行这次会议的精神。

在那个特殊的年代，长沙湘江大桥工程采取的是"边设计边施工"的建设方法，这就给我们设计工作增加了难度。它要求我们的设计要又快又好。任何一个小小的失误，都会给施工带来很大的困难，甚至会造成很大程度的返工，这样一来经济损失可能会非常大，还会耽误工期。

因此，这对我们设计工作的要求就更高了，我们的压力也更大了。

我们知道，对于一座桥梁的建设，正常顺序是先设计后施工。而且，设计是从上往下的，施工则是从下往上的，工作流程是完全相反的。也就是说，修建桥梁，应先施工下部结构（桥梁墩台和基础），然后再建上部结构。但是要修建下部墩台，必须先要设计完成上部结构后，才能确定下部结构所需要承受的上部结构所有的恒载、活载以及所有作用在桥梁下部结构上的最大的垂直力和水平力，这样才能进行下部结构的设计。

我们就必须用最快的速度做完上部结构设计，然后再迅速推进到下部结构。如此一来，设计工作的压力可想而知，我们还必须尽可能百分之百地设计准确。眼下施工单位已经准备动工，所以，时间不等人啊！设计组必须尽快提供下部结构的施工图纸。

在这个边设计边施工的过程中间，我们还要随时听取施工单位的反馈意见，随时协调，避免沟通不及时而导致的图纸返工。这样会更耽误出图纸的时间，影响整个施工的进度。

1971年10月13日上午，工程部召开了设计组工作会议。工程部部长龚义臣首先宣布了一个决定。由于要求大桥在一年内建成，需要充实设计组人员，以加快设计进度，省交通测设大队及时为我们设计组增派来了新的技术人员和辅助人员（如描图员等）。

随着设计人员的增多，又因为设计项目多，工作千头万绪，为了保障设计组的工作效率，落实责任制，设计组负责人做了新的调整。唐永兴仍担任组长，我担任副组长兼上部结构组组长，程翔云担任下部结构组组长。

最后，龚义臣部长要求设计组全体人员团结协作，克服困难，抓紧时间，高标准、高质量、高速度地完成大桥工程设计任务。

大会结束以后，我们设计组及时召开了会议，按照当前工程项目内容和进度安排，将设计组人员重新做了调整。调整后的工作项目和人员分配如下：

1. 大桥下部结构（含基础）项目

0号至4号桥墩由姜昭恒和黄梅清负责；

5号至11号墩由程翔云、顾昌海和杨莹负责；

12号至17号墩由肖桂琰和胡树晖负责。

根据指挥部首长的要求，为了使设计与施工紧密结合，便于配合施工进度和协调工作，下部结构设计小组人员转至以大桥五处为主体的一分指，由一分指统一领导和安排。此后，程翔云同志带领下部结构设计组的同志们去了一分指驻地负责设计施工工作。

2. 大桥上部结构项目

河西段9孔50米由张梦龄和徐厚兴负责；

河东段8孔76米由沈汉、张元星和常淼洲负责；

河东引桥由吕邦杰、谢国安、雷鸣和韩雪泉负责；

橘子洲支桥由黎培辉、朱若常、黄裘、夏守俊、张克早和高志荣负责；

吊装工程项目由杨义凯、陈义鑫和上官兴负责。

3. 其他项目

工程预算项目由石国民负责；

工程地质项目由叶士杰和余太舫负责；

水文气象报道由彭恒和吴早生负责；

路面工程项目由李永康、徐家铭和市城建局委派人员负责；

试验研究项目由张万敌、宋德荣和曾德宗负责；

设计资料和晒图项目由李永兴和康人忠负责；

省建公司新河预制场项目由李志华负责。

4. 设计组总图室由唐永兴、周义武、李少豪、李继生和杨开华负责。

总图室的主要任务是负责设计组内各项目之间的任务和技术指标的衔接；收集设计与施工间的反馈信息和修改意见，及时指导和安排设计文件的修改和补充；审订即将完成的设计文件和图纸，使其符合要求，并统一交付施工部门使用；及时向指挥部首长汇报；协调各部门间的沟通等工作。

在每个小组分工、任务明确以后，大家都以只争朝夕的精神，努力完成自己的任务，整个设计室充满着紧张热烈的气氛……半个世纪的时光流转，回想当年，我的内心依然会有起伏。那时那景那人，我至今难以忘怀。

两台手摇计算机

自1971年9月6日大桥工程正式动工以来，湘江两岸多年来的寂静被打破，如今是人声鼎沸，运输车辆川流不息的繁忙景象。

大桥五处的水下工程施工设备被快速运到了桥址附近，省路桥公司的建设队伍和设备也在加速调入工地。各个施工部门都在陆续就位，这无形中给我们设计组带来了很大的压力，也意味着我们的施工图必须马上出炉。

为了不耽误施工进度，我们设计组要赶在施工之前加紧绘出施工图。在"三结合"设计审查会批准的大桥初步设计文件基础上，设计组立即将大桥工程结构包含的所有设计项目尽量细分，再将每个细分项目落实到每一个设计人员头上。为了保证设计质量，每项设计仍必须按照规定的流程，即按设计（确定尺寸、计算和绘图）、复核、校核和审定等四步进行。设计工作不打折扣，不走捷径，保证一丝不苟地完成。

以我自己具体参加的设计项目（76米拱跨）为例，细分的设计内容包括：

双曲拱主拱圈的设计与计算；主拱圈加载程序设计与计算；拱肋（边段和中段）的吊装运输、钢筋构造，以及施工放样坐标图（表），拱肋接头构造，拱肋在桥梁墩台顶部的预留槽等内容；主拱圈横隔板和拱波的构造；拱上结构的腹拱圈，拱上（预制和现浇的）立柱和盖梁，以及各个立柱、盖梁的标高图（表）；4号制动墩上特有的钢筋混凝土框架等数十个子项目。

尤其值得说明的是，76米跨径的拱桥有普通孔和通航孔两种桥孔，而两者又分别处于不同的桥面纵坡之下，因此，两者的构造不完全相同。这也要求我们必须完成两套不同的施工设计图供施工单位使用。

这就意味着，76米和50米跨径的拱桥需要出几百张施工设计图，而且每份图纸都需要经过计算、绘图、复核、描图、晒图和审核等系列工序后，才能送交给施工单位使用。留给我们的时间是那么短。为了按时交出施工图纸，大家必须迎难而上。

与此同时，我们设计组其他设计项目也在同时展开，如河东引桥、引道和橘子洲支桥项目等。完成施工设计图，我们的工作并没有完结，还得根据"三结合"设计审查会的评审意见，抓紧时间进行方案修改。

除了以上提到的项目内容，设计组的李继生也在积极地为大桥的河东、橘子洲和河西三处的桥头人行步道，以及桥面上的人行道灯柱和栏杆等辅助设施同步做方案设计。在这个阶段，北京市政规划设计院也派出设计人员来长沙支援我们的工作。

大桥"边设计边施工"的过程也不总是一帆风顺的，不时会出现新的让我们始料未及的问题，有的问题甚至没有现成的解决方案可依循，也没有成功案例可借鉴。我们只能边研究，边试验，边进行设计工作。新的方案出来，并不意味着立刻就可以上马，还需要对新设计进行试验验证，以确保我们的设计绝对安全可靠。

为此，我们安排了多个专项试验研究项目。例如：

主孔76米跨径的1/10模型（净跨等于7.6米）的模型桥试验；

主桥坡拱（多种纵坡）的模型试验；

主桥50米跨径拱上结构腹拱圈的连拱作用以及静载试验；

主桥4号制动墩上的钢筋混凝土框架的光弹性试验；

主桥施工双跨连续缆索吊装工艺的模拟试验；

桥面沥青混凝土材料试验等多个试验研究项目。

这些研究项目的试验结果，需要与我们已经设计出来的结构进行充分的比对、研究，在确认安全可靠后，才能成为我们的设计完稿。随后我们才能将这些施工图纸交付给施工单位去使用。

回想起来，当年我们设计组的设计工具实在是原始，这么大的工程，海量的运算，不要说计算机，甚至连个计算器都没有，现在的人大概无法想象当年的那种窘迫。当时，大多数计算是靠算盘、计算尺来完成的，就连计算尺都不是人手一把。我们这些从学校来参加大桥工作的人使用的计算尺还是各自从学校借来的。

当时设计组最先进的计算工具是测设大队从自己单位带过来的两台打字机大小的手摇计算机。这种手摇计算机的原理是通过齿轮运动来完成计算。计算时，需要一只手摇动把柄，正摇或反摇几圈来完成加、减、乘、除、平方、开方等简单的数学运算。当计算中出现三角函数和括号等复杂运算时就麻烦了，我们还得借助各种工程计算手册等资料来辅助运算。

现在，这种手摇计算机（图6-2-1）怕是只有在博物馆才能见到了。

可别小看这简陋的手摇计算机，那时还真是抢手的香饽饽。白天我都排不上号，通常都是等到晚上，当设计人员基本都回家后，我才能有机会使用。一到深夜，万籁俱寂，唯有手摇计算机发出"嘎嘎嘎"和"叮"的声音……那时候，我觉得再也没有什么声音比这个更动听了。它犹如一段优美动听的交响曲，成果在这"嘎嘎嘎"声响之后，汩汩而出。

在最紧张的设计阶段，每天加班到深夜两三点钟已经是

图 6-2-1　当年使用的主要计算工具——手摇计算机（图来自网络）。

常态了。当时在指挥部工作，没有经费补助，也没有加班夜宵供应，更没有 24 小时便利店可以随时买零食充饥。有时估计当晚会熬夜，我就会在晚上十点钟左右，趁着食店尚未关门赶紧去补充一下能量。

我光顾得最多的一家馄饨店就在离我们指挥部不远的湘江宾馆斜对面。那里的馄饨个大、味美、汤底鲜，一角钱左右一碗，让我至今念念不忘。尤其是天冷的时候，饥寒交迫的我，叫上一碗热气腾腾的馄饨，再加上一大勺湖南剁椒，"呼哧哗啦"地吃下肚，周身立刻暖和起来，顿时感觉精神抖擞。然后我返回工作室，继续挑灯夜战。

那时候的设计图纸，就全靠设计人员手工一笔一笔地画出来，然后交由专业的描图员在半透明纸上描绘，之后描图员将这份描好图的半透明纸覆盖在专用的晒图纸上，拿到晒图机上曝光，再放到铁筒内用氨气熏，最后制出蓝晒图，也就是我们平常所说的"蓝图"。这样才算完成了一张可供施工单位使用的施工设计图（图 6-2-2）。这时，是我们设计人员最开心的时刻。当人们拿着这些施工图纸时，图纸常常还带有一股强烈刺鼻的氨味，让人睁不开眼……

当年，这些图都是由测设大队派来的最优秀的描图师康人忠和黄爱珍等人描出来的，他们描图又好又快，很受大家赞许。

当时，设计人员与施工现场联系也很不方便，整个设计组只有一台台式电话，放置在总图室，工地一来电话，坐在总图室的杨开华不得不身兼数职。他毫无怨言，不厌其烦地跑去通知分散在几个设计室的同事们听电话。长此以往，实在是不容易。这些看似平凡的事情，却往往能够以小见大。

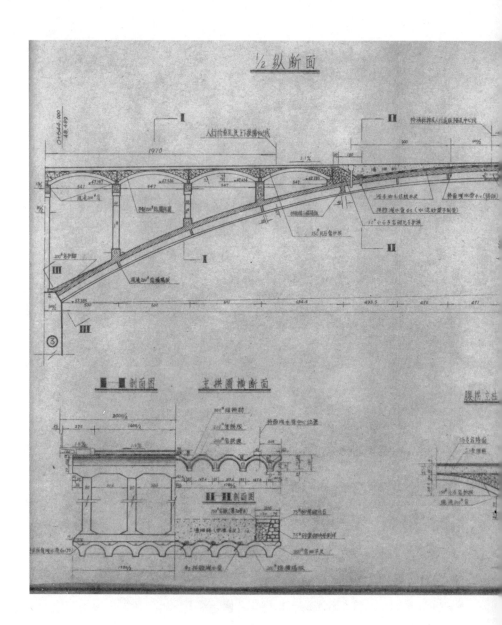

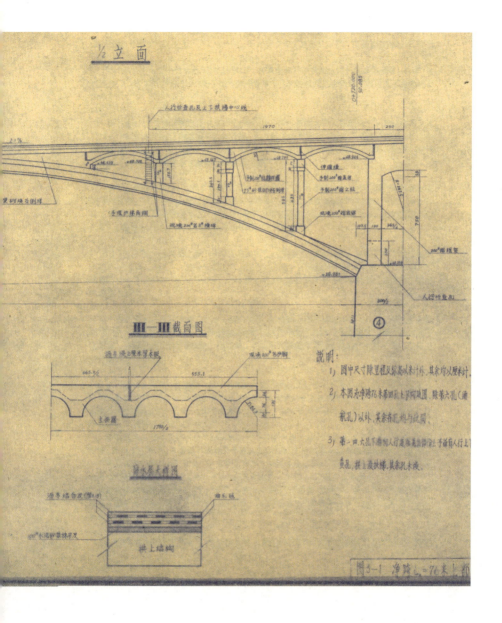

图 6-2-2 大桥主桥净跨 76 米上部构造的设计施工图。当年，大桥工程施工用的设计图纸，都是通过手绘、描图和晒图等工序完成的设计蓝图。

那时从司马里的指挥部到大桥施工现场，走路约半个小时，设计人员都是自己步行或骑自行车去工地现场。当时指挥部只有几辆军用吉普车供首长使用，只有在陪同省市领导下工地视察时，我们才有机会随车同行。

在大桥指挥部工作的人，即使是副指挥长，通常情况下去工地也都和我们一样骑自行车前往，没有任何特殊待遇。

当时，我们整个设计组只配有 5～6 辆公用自行车，其中一辆供唐永兴专用，因为工作需要，他随时要去各单位联系工作。另外一辆常由叶士杰使用，他不仅承担大桥地质监测方面的工作，尤其是在基础工程施工阶段，他需要常去工地现场。而且最关键的是，他还有一个特别的任务——作为我们工程部的兼职摄影师，携带着工程部唯一一台照相机去工地照相和收集资料。其他人员去大桥工地就只能是有车骑车，无车步行了。

不过在那个年代，大家好像都习惯了，走路也不觉得累，就当是锻炼了。如果是几个人一起去，路上大家还可以顺便讨论设计方面的问题，也算是劳逸结合，一举多得吧。

尽管当时的条件简陋，但大家却凭着认真、负责任的态度和不怕苦、不叫累的忘我工作精神，保证了计算数字和设计图纸都完全符合要求，这是值得我们自豪和骄傲的地方。

为了河东引桥美

从长沙湘江大桥方案设计阶段开始，我们就非常重视大桥河东岸跨越沿江大道的引桥及引道的结构和外形设计。

长沙湘江大桥所处的位置非常特殊，它位于长沙市区主干道五一路的西端延长线上，当时被习惯称作"水陆洲"洲头（现称橘子洲头），即便是在当年，也是"网红"打卡地。河西的岳麓山，更是风景如画，在漫山遍野杜鹃花盛开的春天，是市民踏春的首选；在"霜叶红于二月花"的秋季，更是人们争相登高的好去处。

秋季晴空万里的日子很多，登上岳麓山山顶，长沙城的风光尽收眼底。"停车坐爱枫林晚"的爱晚亭还是中国四大名亭之一，那里也是毛泽东"恰同学少年，风华正茂"的地方。还有千年学府岳麓书院等，慕名而来的游客常年络绎不绝。

当年从河东的市中心、火车站去河西，湘江大桥是必经之路。大桥本就是长沙市的一张名片。因此，我们在选择河东引道和引桥方案时格外用心。

适逢特殊时期，造桥资金短缺，建筑物资缺乏，困难是不言而喻的。虽然国家修建公路桥梁相关规程的指导原则是"适用、安全、经济和适当照顾美观"，但在当年，"美观"其实是件很奢侈的事情。

我们都深知长沙湘江大桥在长沙人民心中的分量，它是长沙人民百年追梦的圆梦之作。长沙人民对大桥有着太多的美好憧憬，这是我们深感责任重大的地方。

长沙湘江大桥河东段引道，需要横跨长沙市区内最重要的一条沿江干道——沿江大道。而根据长沙市城市总体规划，沿江大道的道路净空要求是，全宽不能小于 24 米（包括车行道和人行道），净高不能小于 5 米，因此，这就决定了我们跨沿江大道这一孔的跨径必须要大于 25 米（图 6-3-1）。

图 6-3-1 长沙湘江大桥河东引桥实景图。

在此之前，大桥主桥纵坡最后被确定为 2.1%，如果河东引道的纵坡仍然按照 2.1% 设计，那么引道的长度就会大大增加。这样会使引道与五一路的连接点超过与沿江大道相邻的太平街口，这将严重影响太平街口进出车辆、行人对大桥的使用。

为了合理解决这一问题，我们将河东引道（包括引桥）的纵坡由 2.1% 提高到 2.4%。之前我们曾在长沙市区内实地调查和听取市民的反映意见，纵坡设在 2.5% 以内都是合理的，也是可以接受的。这样，我们就将河东引桥纵坡改为 2.4%。这一改变就使湘江大桥引道的长度缩短了。河东引道与五一路的连接点设在太平街口靠近沿江大道一侧，满足了城市规划和市民的要求。

另外，根据城市桥梁设计的惯例，拱桥与路堤连接处的拱脚与地面间的高度不宜小于 1.8 米。因为拱脚距地面太近，影响桥梁和街道的景观。同时，连接处的路堤高度也不宜太高（通常要求不高于 3 米），太高影响美观。

根据大桥河东岸 0 号桥台至路堤之间的距离，在总长度约 100 米范围内布置引桥是比较合理的。因此在最初选择引桥桥跨方案时，我们就初步拟订以 3 孔 30 米的跨径作为方案比选的基础。而且，当跨越沿江大道的桥孔跨径采用 30 米时，该孔的中轴线正好与沿江大道的道路中线重合，这是很理想的状况。

关于引桥的桥型方案，我们从"改隧为桥"开始就多次拟订了不同的结构形式和构造。当初确定采用 3 孔等跨的桥梁形式，是因为采用相同的跨径，既满足了跨越沿江大道的要求，又可以让施工更加方便，节约造价，缩短工期。

在桥梁结构形式上，我们曾经选用了多种多样的形式，如拱式结构、钢筋混凝土连续梁和门式刚架结构等。通过比较，我们认为采用与主桥相协调的双曲拱桥更合适。

而在拱式结构方面，我们又选择了实腹拱和空腹拱两种形式进行比较。如采用空腹拱就显得更加轻盈美观，但施工比较麻烦。同时，对于 30 米跨度的拱桥，又有着不同的矢跨比选择，从 1/8、1/10、1/12 到 1/15，随着矢跨比的减小，拱桥越显轻巧。我们又进行了方案比选，在不同的矢跨比之下，它的美观情况就很不一样了。

对于空腹拱桥上的腹孔，我们也选择了不同的形式。腹拱有的采用立柱式，有的采用葵花拱式。腹拱的数量又有两孔或三孔的，我们也做了方案比较。最后我们还从美学方面进行了反复的比选，才选出了 2 个推荐方案：一个是 3 孔 30 米跨径的立柱式空腹拱桥（腹孔为 3 个，拱跨 1.9 米）；

另一个是 3 孔 30 米跨径的实腹拱桥（矢跨比为 1/8）。

桥梁的基础形式采用钻孔灌注桩技术施工，当钻孔机不足时可采用人工挖孔桩技术施工。

经大桥"三结合"设计审查会的充分讨论，大家一致认为，为了满足市民和城市景观对大桥的美观要求，应将三等跨桥梁方案改为随路堤高度而改变的多孔不等跨桥型方案。当然，这将会给我们设计和施工部门增加几倍的工作量。

在将三等跨桥型方案改为多孔不等跨的桥型方案时，为了加快施工进度，满足主桥对引桥的进度要求，我们又拟订了多个方案，其中一个仍是采用不等跨径的双曲拱桥方案。

该方案由 4 个不等跨径组成，参照桥梁美学原理考虑，随着路堤高度的变化，拱桥跨径将按照级差 4 米、3 米和 2 米变化，即为 27 米 +23 米 +20 米 +18 米，全长 91 米（包括 3 个桥墩宽度）。矢跨比仍然分别采用 1/8、1/9 和 1/10 三种。拱桥按纵坡 2.4% 斜置，即拱脚均在同一条平行于桥面斜向的直线上，这样将会使引桥与五一路更加协调和美观（图 6-3-2）。拱上结构仍采用实腹式和空腹式两种。

对于实腹拱桥，拱腹填料又采用两种不同的类型，一种是我们通常使用的砂砾石填料。为了减轻拱桥的上部重量，我们采用了另一种三渣填料（砂砾石加入炉渣），这种填料不仅可减轻重量，还可利于今后排除拱腹内的积水。

拱桥方案所需要的材料有钢材约 100 吨、混凝土 2200 立方米、块片石 330 立方米、镶面粗料石 50 立方米等。

另一个桥型方案是采用 4 孔钢筋混凝土预制 T 形简支梁桥，即 1 孔 26.54 米 +3 孔 22.2 米，总长 93.9 米（含台背宽度等）。该桥型因采用的是简支梁体系，可以承受桥梁基础的微小变

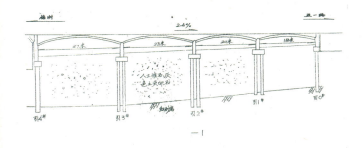

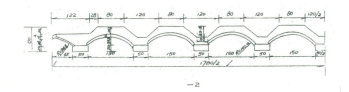

图 6-3-2 河东引桥桥跨布置图。

形，因此就可以采用不深入地下基岩的、比较简单的扩大基础形式，这样可以减少工程量，缩短施工工期，加快施工进度。

它的材料用量是，钢材 133 吨、混凝土 1600 立方米。

通过对上述两个方案的深入研究和比较，它们的优缺点是：

如果采用不等跨径的双曲拱桥方案，虽然外形美观协调，但该桥所采用的 4 孔桥跨有完全不同的跨径，这将给设计部门和施工部门增加数倍的工作量。另外，拱桥基础应采用钻孔灌注桩，并需桩基承载力达到要求，则钻孔须深入基岩达 3 米以上。因桩基施工进度慢，7 天才能完成 1 根桩。全桥共 28 根桩，又只有 2 台钻机，因此，约需 3 个月才能完成基础工程。当然如果增加钻机则可以加快施工进度。另外，由于双曲拱桥需搭设支架施工，因此也需要大量的支架材料和施工时间。

如果采用钢筋混凝土预制T形简支梁桥方案，由于上、下结构可以同时施工，则可加快施工进度，但因外形与主桥不协调，而且所需钢材数量和型号多，制作模板所需木材多，T梁制作工艺复杂，在工地现场制作时质量难以保证。

综合各方面的情况考虑，我们认为采用拱桥方案是合适的，但是给设计和施工部门的压力就增加了很多。

当我们将上述的方案及比选情况向指挥部首长汇报以后，他们首先表扬了我们认真负责的态度，但同时希望我们多听听设计和施工部门同志们的意见，然后再做最后的决定。

我们分别征求了具体负责引桥的设计人员和施工的公路工程公司第六队工人师傅们的意见。大家都纷纷表示，为了让长沙湘江大桥变得更加美丽，再苦再累也都值得。

说起来，大桥用的石料能如此美观，还应感谢设计组的工人代表洪文斌老师傅。

当时为了节省造价，加快施工进度，我们曾考虑采用粗料石作为两个侧面的拱腹贴面，但这样欠美观。若要美观，就要改用细料石，但细料石需要石工一锤一锤地凿出来，费力费时。洪师傅听说了以后，当即表示，为了使大桥更加精致美观，为了让大桥给长沙人民增光，他请求把这项工程全部交给他们公司——长沙市丁字湾麻石公司承担，全部改粗料石为细料石贴面，并保证按时优质地完成任务。

通过大家的共同努力，最终我们得到了一个最佳的推荐方案，即4孔不等跨的实腹式双曲拱桥。大桥"三结合"审查小组经过认真讨论和研究，同意上报指挥部。后经指挥部首长审批同意，我们顺利完成引桥的设计任务，正式迎来了河东引桥和引道工程全面施工的高潮。

　　在施工单位全体人员不分昼夜地奋战下，1971年12月1日，河东引桥的第一根钻孔灌注桩终于在引桥0号墩第一个钻孔位置开钻（图6-3-3）。经过七天日夜不停地施钻、成孔以后，放置了钢筋笼，灌注了混凝土，并在12月8日完成了引桥的第一根钻孔桩，为大桥打下了坚实的基础。

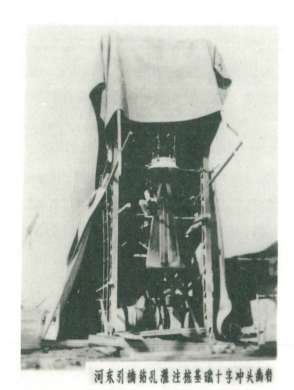

河东引桥钻孔灌注桩基础十字冲头齿桩

图6-3-3 河东引桥基础——钻孔灌注桩施工。

试验场的惊魂瞬间

　　大桥工程指挥部在将紧邻浏阳河岸边的原省建三团新河预制构件厂作为大桥钢筋混凝土预制构件制作基地的同时，也将其作为大桥预制构件科研试验项目的试验场地。

　　在大桥民兵一团北一连民兵的配合下，我们设计组完成了一个长沙湘江大桥的科学研究项目——腹拱圈静载试验。

　　为了保证大桥采用无支架施工方法时桥梁结构的安全可靠，设计时就需要采用比较小的矢跨比和拱轴系数。在这种情况下，空腹式拱上结构的腹拱就采用考虑连拱作用的跨度达到5米、拱圈厚度仅为20厘米的钢筋混凝土预制拱圈。在设计过程中，大家仍然比较担心它能不能够保证今后长期使用的安全。

　　因此，经指挥部领导批准，我们就在预制场做了两跨单片预制腹拱圈的静载试验（图6-4-1）。

　　在准备静载试验的过程中，我们得到了预制场佘团长和其他领导的大力支持。

腹拱圈（l₀=500ᶜᵐ）静偏试验

图 6-4-1 为验证和确保主桥腹拱圈的安全可靠性，大桥设计组在试验场做了腹拱圈的静载试验。试验结果证明，大桥腹拱圈的施工质量完全符合设计要求。

按腹拱圈静载试验的具体要求，我们将预制腹拱圈做成两跨连拱，再用砂浆砌片石做护拱，路面重量用砖代替。由于设计中考虑多跨腹拱会相互影响（即连拱作用），为了减少基础工程，试验时就用钢筋、钢板焊成框架代替。

主跨 50 米的腹拱圈，净跨径为 5 米，采用 250 号钢筋混凝土预制构件。为了吊装方便，每一块预制拱圈构件宽度为 74 厘米，重量约 1.9 吨。全桥 9 孔 50 米桥跨，经计算得知，边部块件共 108 块，中部块件共 1180 块。

主跨 76 米的腹拱圈也是采用 250 号钢筋混凝土预制构件，但是由于它的跨度为 5.2 米，较试验拱圈长一些，所以重量大概是 2.3 吨，为了便于吊装，宽度仍为 74 厘米。

这些腹拱圈是由我负责设计的，因此整个试验的现场准备和试验过程仍由我负责完成。

腹拱圈静载试验按两种受力特点进行加载，即"无铰拱"和"三铰拱"（图6-4-2），然后直接在拱圈顶部施加集中荷载，

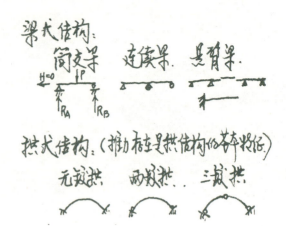

图 6-4-2 梁式与拱式结构的构造特点示意图。

以模拟设计车辆的加重车后轮的压力。当时设计的是直接加载的方案，也就是直接在拱顶安置一根横梁，再在该横梁上放置磅秤使用的砝码，按照设计步骤分级、逐步施加预先设计的荷载。

在腹拱圈顶部放置的加载横梁用的就是我们已经预制的钢筋混凝土立柱，为了防止加载过程中腹拱圈突然断裂而引起横梁垮塌，我们就在腹拱圈两侧的横梁下面，各安放了一个坚实的支架。

在试验过程中，为了测量腹拱圈在加载过程中的变形和位移，我们在腹拱圈的拱顶和1/4跨度的上、下方，以及拱脚处分别放置了可以精确测量位移的千分表。

1972年5月5日上午，现场试验正式进行。

根据无铰拱试验要求，按照汽车加重车后轮计算的设计荷载是5.24吨。考虑2倍安全系数为10.48吨，采用分5次逐渐加载，同时检测千分表的位移值，当几处的位移值都符合设计要求后，继续逐次加载到 10.48 吨，这时也就表明腹拱圈完全符合设计要求，是安全可靠的。

为了进一步验证它的最大安全度，了解腹拱圈的拱顶和拱脚同时开裂形成三铰拱后，直到破坏时的效果，就需要继续进行加载。当时大家都非常兴奋，一面继续加载，一面注意观测它的变形和钢筋的应力变化。当加载到 18 吨时，腹拱圈尚无明显变化，表示还是很安全的，大家更加兴奋。

静载试验继续。这时，我弯下腰，把头伸进拱顶下面，想去看中间放置的那个千分表，了解拱顶的变形、开裂情况……当加载至 18.11 吨时，刹那间听见"咣当"一声——拱顶的横梁坠落在两边的支架上，整个拱顶混凝土瞬间断裂。在两侧观察和负责加载的人顿时尖叫了起来……

他们发现我的头还在拱顶下面，而我当时正在看那个千分表，根本来不及反应，如果没有横梁下的那两个支架，那我整个人都会被压在这个拱顶下面。等把头缩回来的时候，我才觉得两条腿都是软的。

在场的同志们依然惊魂未定，许久才缓过神来，大家都庆幸不已。好在这次没有出重大事故，否则，这个影响就很大了。

虽有意外发生，但我们对试验结果十分满意，这次腹拱圈静载试验算是圆满结束了。

试验结束后回到指挥部，我抓紧时间赶写试验报告。试验结果表明，我们设计的腹拱圈是安全可靠的。试验中突然发生的破坏，是相邻孔拱脚推力不能平衡加载孔拱脚推力而导致的。试验结果提醒我们，施工阶段必须保证腹拱圈相互之间的联系牢固，形成有机的整体，方可确保安全。当我把试验有关结论向指挥部领导汇报后，他们认为这个试验结果非常理想，达到了我们的预期要求。

我这一生中，经过了两次"大难"。一次是带学生去广东实习，差一点被河水淹死；这一次做试验，又差一点被拱顶压死。人们说"大难不死必有后福"，有没有后福我不知道，但有两次大难不死已是万幸了。

当时我庆幸的是由我自己去看千分表，如果让其他同志去看而出了事，那我这个责任就太大了，余生不知道会有多么的自责和内疚。这次有惊无险，真是老天眷顾，不过，这个事件对我自己也是一个很大的教训——对待安全问题不能有丝毫侥幸的心理！在以后的教学和科研工作中我经常提醒自己，要注意安全。特别是有危险的时候，自己先去，以免给其他同志造成不可挽回的损失。

己所不欲勿施于人。正是出于这点考虑，在后期整个施工阶段，曾有过多次类似的情形，如拱肋吊装时去现场观察拱肋接头处的受力状况，包括观察4号、13号制动墩墩顶的施工情况，我都是自己首先上去观察，以防不测。

绝不能出事故啊

长沙湘江大桥工程建设项目，由于省市委领导要求一年建成，这就不能按照常规的"先设计后施工"的程序进行。而只能采用"边设计边施工"的方法进行。

设计任务重，时间紧，我们要在 3 ~ 4 个月的时间内将大桥设计任务完成，而且要绘制大量的施工图纸交付给施工单位使用。对于主桥 76 米和 50 米桥跨，仅仅是完成它们的上部结构设计就需要绘制数百张图纸。因此，我们必须将上部结构分解成数十个子项目进行设计。

为了保证设计质量，设计组必须严格执行设计、复核工作责任制。为了加快设计进度，保证满足施工单位的使用要求，设计组采取了极严格的分工协作制度。对此，设计组按照主桥 76 米桥跨、50 米桥跨、河东引桥和橘子洲支桥等将设计任务分解成四个大项目，然后将每个大项目进行细分，再将这些具体任务分配到每一个设计人员的肩上，并分别列出了完成任务的时间。

因此，在这一时间段，每个设计人员都非常紧张，工作压力也非常大。

因为我对双曲拱桥的设计施工内容、过程很熟悉，所以我自己也承担了其中一些具体项目的设计任务。

当年长沙湘江大桥采用了"双跨连续缆索吊装"的施工方法。根据吊装设计的需要，要求将两排（各6根）长度近一公里的主缆索的两端分别锚固在河东引桥的0号台及河西段13号制动墩上的横墙上。而在河东段4号制动墩墩顶上，还有一个钢筋混凝土框架结构，必须在这个框架上放置一个高达30米的钢塔架，用作双跨连续缆索的中间支撑塔（图6-5-1）。这两个河中制动墩上的结构就将成为保证整个缆

第一根边段拱肋就位

图6-5-1 湘江东边河中4号墩（制动墩）和用来支承双跨缆索吊装主索的临时钢塔架全貌，以及第一根边段拱肋吊装施工情况。

索吊装施工安全和大桥吊装工程安全顺利完成的关键。现在，大家在湘江河上还可以看到河东段和河西段江中这两个特别大的桥墩，就是我们的 4 号制动墩和 13 号制动墩。4 号制动墩全高约 20 米，宽 8 米。13 号制动墩全高也近 20 米，宽 5 米。

当时在设计这两个关键结构的过程中，我们没有计算机，只能依靠计算尺和工程计算有关表格去完成，所以在设计计算过程中，我是慎之又慎。而且，为了计算的可靠，我通常都利用结构力学精确计算法和手册中的简化计算法两种算法进行计算，以便相互校核，以求结构的安全可靠。在绘制结构图和钢筋布置图的时候，我也是完全按照相关的规范、规程，仔细又仔细地去绘制。

尤其是在设计 4 号制动墩顶部的钢筋混凝土框架时，由于大桥施工过程中安装的钢塔架的自重很大，并且还要承受吊装缆索施工时所产生的巨大的竖直力和水平力。由于该框架起到的作用非常大，承受的荷载也很大，而且结构很复杂，所以在设计过程中，我也是非常小心。

同时，为了保证该结构的绝对安全可靠，经指挥部首长同意，并得到湖南大学校领导的大力支持，经湖南大学指派，基础课部物理实验室协助做了该框架的光弹性试验。试验结果与计算结果非常接近，这也就很好地证明了该设计是安全的。

这两个制动墩从绑扎钢筋骨架、安置锚固钢筋网到浇筑混凝土的施工过程，我全程跟进并逐项进行检查，以确保钢筋数量和位置准确，确保每一道工序都不出现错误，确保该结构安全可靠。

安装大桥河东段 8 孔 76 米缆索吊装设备的时候，是长沙湘江大桥工程建设项目中的关键时刻。

1972年4月，在陆续完成河东0号台、7号墩上的主缆塔架和4号墩顶上的主缆支架后，5月1日开始正式安装主缆索。

在主缆索安装完成以后，5月7日开始进行缆索吊装现场静载试验的测试工作。就在这天试吊前，我首先赶到13号制动墩墩顶，在安置吊装缆索的锚固端观察起吊时刻锚固端是否有异样出现，以防止事故的突然发生。我深知，如果这个时候13号制动墩锚固端出现事故，那将是灾难性的特大事故。此时，我虽然有信心，但同时也特别紧张——绝不能出事故啊！

当大桥试吊工作继续进行，直到正常以后，对这个锚固点可以放心了，我又立即赶赴4号制动墩墩顶上，去观察4号墩上的钢筋混凝土框架的受力和变形情况，因为这也是我最担心的另外一个关键结构。

我站在高高的4号制动墩框架边，观察到变形、裂缝等情况均未出现，紧张的心情逐渐放松。直到大桥吊装指挥负责人宣布大桥吊装测试过程平安顺利结束以后，我悬着的心才得以真正地放了下来。这时，我才感觉到完成这项艰难的设计任务的喜悦，也再一次体会到设计人员肩上的担子有多重……

从5月14日开始，在河东段76米主桥正式吊装施工的几个月中，我经常与吊装组的同志一起爬到距离湘江水面约50米高的4号墩钢塔架顶上，观察安置在塔架上的主索索鞍的运行状况。

当年，吊装分指挥所的陈义鑫多次和我一起检查设备。

图 6-5-2 吊装分指挥所的陈义鑫在 4 号墩塔架顶上工作时的留影及给作者的赠言。

有一天，我正好带了工程部的那台照相机上去，我俩就在塔顶相互拍照留念。几天后，他将一张相片签好名后送给我留作纪念（图6-5-2）。这一转眼就已过去半个世纪了，物是人非，这张相片只能是留作永久的纪念了。

人行阶梯的方案遴选

　　长沙是一座历史悠久的城市，它的美在于市区有井（白沙井）、井边有街（太平街）、市郊有阁（天心阁）、市内有江（湘江）、江中有洲（橘子洲）、城西有山（岳麓山）、山麓有亭（爱晚亭）、亭边有庙（文庙）、庙内有殿（大成殿）、殿旁有院（岳麓书院）、院门有联——惟楚有材，于斯为盛。

　　长沙，一个人杰地灵的风水宝地！

　　长沙湘江大桥是一座承载着湖南人民，尤其是长沙人民百年追梦的浩大工程。因此，大桥指挥部首长和设计组全体人员，为了使大桥建得好，建得快，建得美，费了不少心思。

　　由于当时已经确定了长沙湘江大桥不设桥头堡，我们只能在大桥人行设施上面花大力气，以简单的结构，方便人们的通行；以新颖的造型，反映长沙人民的创新精神。

　　通常，我们所指的大桥人行设施主要包括河东0号桥台、河西17号桥台处的桥头，橘子洲8号桥墩处的人行步道，以及桥面上的人行道栏杆、灯柱和灯具等。

为了做好这些工程项目，大桥指挥部向国内、省内著名的建筑设计院、高校发出了征求设计方案的信函。这些信函发出不久，就得到许多单位的热烈反响和支持。南京工学院、省建筑设计院、长沙市城建设计院和湖南大学等，都提出了许多新颖的方案。

大桥设计组负责建筑设计的李继生同志，积极、认真地主持了这项工作。他通过广泛的调查研究，提出了许多设计方案供指挥部参考和选择。

1971年11月8日晚上，指挥部内专题讨论了大桥的栏杆、灯柱的建筑设计方案。

会上，李继生详细介绍了他们小组做出的有关灯柱、灯型和栏杆的方案。例如，他们建议每35～60米设置一个灯柱，也就是大河段每一孔设两个灯柱，小河段每一孔设一个灯柱，灯柱的高度建议为7～7.5米。

灯型种类繁多，如多灯型有玉兰花灯，双灯型有对称型和不对称型两种。外形有新芽形、鹰击长空形、梅花形、火炬形、橘子形和红缨枪形等（图6-6-1）。

关于栏杆，他们建议以简洁、轻巧、结实且安全的直线型为主。栏板中间可以设置与桥型协调的图案。关于桥头的人行步道，他们也提出了多种形式，如立柱形阶梯和圆弧阶梯。

会上，大家对这些方案给予了好评，认为它们造型新颖，有强烈的时代感，同时也提出了许多建议。

为了充分做好大桥人行设施的设计工作，大桥指挥部曾于1971年11月7日以"（71）湘桥工字第62号函件——《关于请省建筑设计院承担大桥上部结构部分的设计任务》"的文件的形式正式向省委有关领导提出申请。报告中请求省建

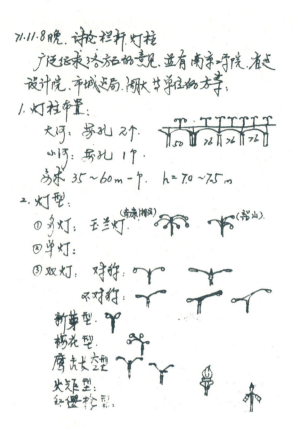

图 6-6-1 作者关于灯柱、灯型方案的对比手绘图。

筑设计院主要承担的设计项目有:

1. 河东、河西桥头,橘子洲的人行扶梯和附属建筑;

2. 通航航标及路灯线路;

3. 桥面人行道板、栏杆及灯柱等。

后经省领导批准,1971年12月,省建筑设计院派出了十多个人的设计小组,直接承担了上述设计任务。同时,我们设计组负责建筑设计项目的李继生等同志也随之参与了该项目的工作，并将原设计组已初步完成的人行道预制块和栏杆、灯柱的设计文件全部移交给新的设计小组。

为了解决大桥配电房以及供配电等有关设施事项，1972年5月19日上午，我和设计组邱时沛等同志及时与市路灯队的易桂云、邹常发，市供电所的李庆华、陈季南等同志进行了专门的沟通。他们建议电杆的高度应该考虑今后设置电车的线路要求。而且，如果要考虑将灯柱兼作大桥的避雷引线，这灯柱间距就应该合理布置等。

省建筑设计院设计小组在一个多月的努力下，于1972年1月初提出了0号桥台、17号桥台和8号桥墩的人行步道设计方案，并在指挥部内进行了方案介绍和讨论。其中河西17号台采用了沿U形桥台侧墙做阶梯和沿着接线路堤的锥形边坡填土做步道的两个方案。

河东0号台和橘子洲8号墩的人行步道，则采用了立柱式阶梯步道方案。1972年4月5日，设计组内又进行了讨论。大家对新做出的修改和补充方案，对基础结构的施工设计文件又做了充分的讨论。

为了进一步向长沙人民宣传长沙湘江大桥工程项目的内容和进展情况，大桥指挥部曾在五一路的大桥工地围栏上设置了巨幅的宣传画栏。这些展示内容和大桥方案图受到了全市人民的普遍关注，其中不乏赞扬声，也有不少建议和意见。这些反响和意见受到指挥部首长的重视，并及时移交给相关部门处理。

4月底的一天，我接到指挥部首长的通知，说指挥部接到来自省化工设计院一位同志的来信，这位同志对我们大桥0号桥台、8号桥墩的人行步道设计方案提出了不同意见，认为原设计方案外形太单调，与大桥的壮丽景观不协调，建议重新修改设计。

指挥部首长指示我立即与该同志取得联系，听听他的意见再做决定。因为当时我们的 0 号桥台和 8 号桥墩基础工程施工已经接近完成，如果要做重大修改，将会带来很大的影响。

接到通知后，我立即与省化工设计院提出建议的陈满成同志取得了联系，相约面谈。

在与陈满成交谈的过程中，他提出了 0 号桥台和 8 号桥墩均应取消常规的立柱式楼梯，而对于 0 号桥台，他觉得应该采用当时国外初创的最新型的无立柱折板式楼梯，8 号桥墩应该采用与橘子洲相协调的螺旋形扶梯形式。

他的这个新方案深深地吸引了我。随后，我将他的方案草图留下，转交给指挥部首长审阅。同时，我立即查阅了当年我国土木工程方面的权威学术刊物《土木工程学报》，找出有关该类折板结构的设计计算方法，仔细学习后，我认可了这类结构的安全可靠性。后来，在王蔚琛副指挥长单独询问我对该项设计的看法时，我就明确表达了自己的看法——该设计方案外形新颖美观，结构安全可靠。

几天后，大桥指挥部将陈满成的设计方案交给大桥设计组进行讨论，并请陈满成出席讨论会，做详细介绍。通过在设计组内多次讨论交流以后，由于大桥施工期的紧迫，时间不等人，该方案必须尽快确定。

指挥部首长经过慎重考虑后，决定再次广泛听取设计组人员意见，让大家畅所欲言。因此，在 1972 年 6 月 26 日和 7 月 1 日，接连召开了多次专题研讨会。

6月26日的会议由王蔚琛副指挥长主持。指挥部李玉亭指挥长、刘贵副司令员，省建筑院刘副院长，设计组的李宗浩、张琦曼等，大桥设计组彭光品军代表、唐永兴和我等有近30人参加。

首先，王蔚琛副指挥长指出0号桥台和8号桥墩人行步道的设计任务已经交给参加大桥工程建设的省建筑设计院设计小组，完成的设计已报省委领导批准。现在因省化工设计院同志提出了新的方案，在"多快好省"精神指导下，要求大桥人行步道在方便群众使用的前提下，尽量做到美观和实用相结合，现在再次进行方案的研讨，进一步听取大家的意见和建议。

会上，省建筑设计院代表和陈满成分别对各自的方案做了详细的介绍，对照各方案的优缺点，并根据相应的规程、规范，以及国内外已有建筑结构形式，做了充分的分析论证。

接着，省建筑设计院派驻大桥的代表李宗浩详细说明了原立柱式楼梯方案的特点是符合国家相关规程、规定，并与大桥总体外形相协调的。同时，他对新方案也提出了异议，如0号桥台的悬臂折板结构，虽然结构外形新颖，但属新引进的新型结构形式，安全性尚待验证。而且，阶梯步道的走向是南北向，而大桥的走向是东西向，与人流的主方向不一致，不利于行人通行。尤其是在结构上，原立柱式方案已经在桥台内部预埋了钢筋混凝土地梁，新的悬臂折板结构不能充分利用这些预埋件，需要重新增设钢筋混凝土拉杆梁，这样，就要增加用钢量，很不经济，因此希望不要再更改方案。

接着，陈满成发言。他简单介绍了自己方案的特点，并重点指出，0号桥台的悬臂折板式方案是从国外引进的新型结构新设计理念，它最重要的指导思想就是将构件本身的使用功能和结构受力功能融为一体，减少不必要的承重结构。折板既作了楼板使用，又可兼作承重结构而取消立柱，这样，既可使外形轻盈美观，又可以节省材料。

对于8号墩人行步道，由于今后随着大桥的建设，橘子洲将会成为一个旅游胜地，如采用螺旋形楼梯，大桥和橘子洲将更加协调。

会上，指挥部参会的首长们认真听取了双方意见，同时也多次对双方的方案提出了质询，参会人员也积极参与了评议和讨论。整个会议开得非常热烈。

会后，我及时将双方的方案绘制成图表供大家进一步讨论（图6-6-2）。

7月1日继续开会。通过两天的讨论，最后在讨论会结束之前刘副司令员总结，这两天的讨论会开得非常好，取得了很好的效果。通过激烈争辩和讨论，大家更清楚了各自方案的特点。他在会前经过向省市委领导汇报，已初步确定了采用新的方案。

接着，刘贵副司令员进一步明确了三处阶梯的形式分别是：河西17号桥台仍采用原有的沿路堤锥坡的阶梯形式；河东0号桥台采用无立柱的悬臂折板阶梯形式；橘子洲8号桥墩处采用螺旋式阶梯形式（图6-6-3）。

最后，刘贵副司令员要求，尽快修改设计方案，并于7月10日前交出施工图纸，保证施工进度。

会后，设计组立即全面进入结构施工图设计阶段，其中关键项是确定8号桥墩螺旋梯三个支撑柱的基础采用三根钻孔灌注桩，且必须立即进行施工。

河东0号桥台悬臂梯基础，仍然利用原已完成的立柱式楼梯的钢筋混凝土三角框架，只是已经无法在原有0号桥台的台身重新设置悬臂梯上端的固定端。后经过认真研究，确定在0号桥台顶设置两根横穿台顶、长度达20多米的巨大的钢筋混凝土拉杆，以连接两侧悬臂梯上端，让它们互相承受水平拉力以保持悬臂体的平衡。

在负责大桥施工现场的二分指的统一安排下，三个桥头人行步道的施工都非常顺利。为了确保0号桥台悬臂梯的施工质量和安全，在钢筋骨架绑扎完成、浇筑混凝土之前，我、陈满成与二分指施工单位的负责人一起多次去悬臂扶梯现场做检查，确认无误后才同意浇筑混凝土。

为了迎接9月30日大桥通车典礼，指挥部首长明确要求加快施工进度，要求将混凝土设计标号从300号提高到350号，并采用蒸气养护方法以提高混凝土的早期强度。

9月20日，0号桥台开始撤下悬臂梯浇筑混凝土的侧模板；9月26日撤下悬臂底板的模板，实测悬臂板端部的平均挠度为4毫米；9月28日下午4点钟，进行了混凝土试件的强度试验，经试验全部达标。此后，0号桥台立即撤下了悬臂梯的全部支架，开始安装栏杆和完成清扫工作，做好了迎接通车典礼的全部准备工作。

1972年10月5日，在大桥通车后，为了验证悬臂梯的质量，我们又组织设计和施工单位的有关人员到0号桥台现场，对悬臂梯进行了测试和检查。通过现场认真检查，未发现悬臂梯主体承重结构有任何裂缝，只是在南、北步道平台表层及扶梯道面，我们发现有局部的收缩裂缝，缝宽大多小于0.2毫米，少数裂缝最宽处达到0.3毫米，但均在允许范围内，因此我们可以认为该项工程符合设计要求，是完全合格的放心工程。

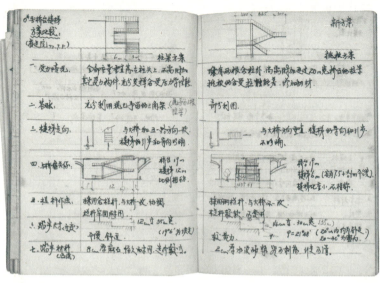

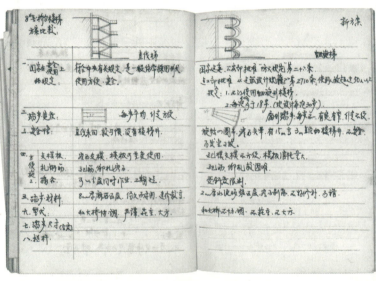

图 6-6-2　主桥 0 号桥台和 8 号桥墩人行阶梯方案，通过深入研究和遴选才得以确定。图为作者当时手绘的供会议讨论的方案对比图（表）。

(a)

(b)

(c)

图6-6-3 大桥0号(a)、
8号(b)和17号(c)桥墩(台)
处的3座人行阶梯实景图。

到此时,我们的心情无比激动、自豪。在大桥通车以后,我们和悬臂梯设计者陈满成在这个悬臂梯前合影留念(图 6-6-4),大家都非常庆幸能够为长沙湘江大桥的建设留下珍贵的一页。

长沙湘江大桥开通以后,人们来到这个悬臂梯和螺旋梯前,对它们新颖美观的造型,以及与长沙湘江风光带的协调性有了深刻的印象。人们认为这样的造型给大桥增添了一个令人难忘的景点,给予了高度的评价和赞许,并都在这里照相留念。

半个世纪后的今天,我还想提醒当今和以后进行大桥维修养护的单位注意,今后维修时,注意不能损坏 0 号桥台上面(路面层以下)设置的用来拉住两旁悬臂梯的两根钢筋混凝土拉杆。如果破坏它们就会让大桥悬臂梯处于危险状态。因此我希望有关部门重视,切实注意对这个隐蔽的关键部位的维护。

橘子洲支桥的前世与今生

　　长沙湘江大桥工程建设一开始，就确定了大桥在横跨橘子洲的同时，必须在橘子洲上修建一座支桥，既是为了满足洲上居民的生活，又是为了方便人民群众前往著名的橘子洲头，亲临"百舸争流，鱼翔浅底"的湘江，眺望"万山红遍，层林尽染"的岳麓山。

　　在主桥旁边加设一座橘子洲支桥，为保证主桥行车顺畅和满足交通管理的需要，在主桥两侧分设可供上、下行的支桥是最合理的。但当时经费有限，桥上车辆不多，因此，我们决定仅仅在主桥的单侧设置通行机动车和自行车的支桥，同时，再考虑设置一个仅供人行的步道，即人行阶梯。为维护主桥的交通秩序，可在支桥与主桥连接处的交叉口设置红绿灯，或者由交警直接管理。

　　当年，在主桥旁边加设一座支桥也不是一件轻而易举的事情。因为如何确定它的合理位置，它与主桥相连接处的复杂结构，以及今后使用时桥上的交通管理等各种问题都需要认真研究。而且在当时，在大桥旁加建支桥，在国内也仅仅只有刚建成通车的南京长江大桥引桥有类似的结构。为了能够合理解决这方面的问题，指挥部专门派我和军代表去南京长江大桥再次学习和考察。

设计橘子洲支桥，首要问题是如何合理选择支桥的桥位。

橘子洲支桥布置在何处比较合理，我们和多个部门进行过协商。考虑到橘子洲的面积很小，又是一块宝地，寸土寸金，我们希望尽量不占用橘子洲的土地，因此，最初提出的方案是由主桥靠河东的7号墩向南延伸，沿着橘子洲河岸外侧，在靠河岸边的浅滩上修建支桥，然后与橘子洲上仅有的一条沿洲道路相连接。但考虑到从长沙市区远眺橘子洲时，橘子洲美景将被支桥阻挡，这会影响到橘子洲的整体景观，因此我们决定改为沿着橘子洲西侧的8号墩与主桥呈81度交角，沿西侧小河段湘江边下行。这样可以尽量减小对橘子洲整体景观的影响。

但这时我们又进一步考虑：支桥是布置在主桥沿湘江上游一侧（南侧），还是下游一侧（北侧）？支桥是采用直线形，还是螺旋形？对这些问题，我们都做了深入的比较，最后通过设计组反复研究和方案比选，考虑到当时湖南省在经费、材料和机具设备等各方面的现状，以及工程的难度和复杂性，最后设计组确定采用支桥布置在主桥上游一侧（南侧），沿小河段湘江岸向南延伸的方案。又因为该处主桥与地面的标高差约为12米，若支桥桥面纵坡分别采用5%、4%或3%，则支桥的全长大约是240米、300米或400米。

此外，在距主桥约350米的地方有民国时期建于橘子洲上具有历史价值的外国领事馆、多株百年古树和数十间民居。

如果支桥采用直线形，就会影响甚至是损毁这些建筑。因此，为了保护自然环境和历史建筑，我们决定采用直线与曲线相结合的方案。

关于支桥桥型方案的选择。1971年9月14日，橘子洲支桥设计小组拟订了初步设计方案，主要的技术指标包括以下内容：

纵坡分别按照4%和3%进行比较。

基本的桥型方案有两个：5孔37米+2孔30米+4孔20米+6孔10米，6孔30米+2孔30米+4孔20米+6孔10米。

上述两个方案相同，即前面5孔（或6孔）和后面的6孔均在直线上，中间的6孔处于曲线上，曲线半径为250米。

针对这两个方案，在重新做了研究后，1971年10月14日，设计组专题研究了支桥的设计方案。支桥设计小组代表黎培辉做了详细的介绍。根据大桥指挥部"三结合"审查小组的意见，为了使支桥更加美观，并且加快支桥的施工进度，他建议支桥采用不等跨径的同时，再进行多方案的比较。最后，设计组又对设计方案做了详细的修改，主要内容有：

1. 设计标准

桥宽按双车道设计，全宽8米，其中车行道宽6米，加两侧人行道各宽1米（包括栏杆宽度）；考虑支桥无重型车辆通行，设计荷载可以略低于主桥标准，即采用汽车−10级；支桥纵坡采用3%或4%，推荐4%。

2. 支桥桥型方案

第一方案

双曲拱桥，全长309米，跨径为6孔30米（在直线段）+4孔20米（在曲线段，半径为110米）+2孔15米（在直线段）+挡土墙（填土最高4.5米）；基础采用钻孔灌注桩，直线段2孔15米的采用扩大基础施工方式。

工程量：钢筋混凝土1700立方米；混凝土圬工材料2000立方米；钢材总共100吨（上部结构40吨，下部结构60吨）；基础土方7500～8000立方米。

第二方案

钢筋混凝土T形简支梁桥，全部采用13孔20米T梁，全长285.4米；采用双柱式桥墩，采用扩大基础施工方式。

工程量：250号钢筋混凝土950立方米，200号钢筋混凝土250立方米；混凝土圬工材料970立方米；钢材248吨（上部结构230吨，下部结构18吨）。

第三方案

钢筋混凝土T形简支梁桥；采用17孔15米T梁，全长285.4米。

工程量：250号钢筋混凝土940立方米，200号钢筋混凝土270立方米；混凝土圬工材料1300立方米；钢材211吨（上部结构190吨，下部结构21吨）。

以上三个方案的工程总投资均未超过100万元，符合省市委的要求。

通过讨论研究，设计组确定将第一方案作为推荐设计方案。但为了改善道路交通，提高车速，保证行车安全，曲线

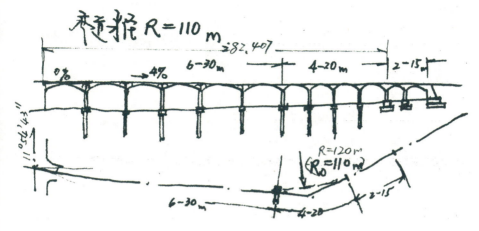

图 6-7-1 橘子洲支桥桥跨
布置手绘示意图。

段桥梁的曲线半径由 110 米改为 120 米（图 6-7-1）。

　　在支桥设计组修改完成以后，设计方案即被送至指挥部进行审批。

　　当时，省市委领导对于支桥设计方案十分重视。省委卜占亚书记，省军区杨大易司令员，广州军区俞副政委等曾于1971 年 11 月 17 日下午和 18 日下午，两次前往橘子洲工地现场调查研究，了解情况，听取意见。最后，他们基本同意了我们设计组推荐的设计方案，同时指出，在综合考虑使用安全、方便和降低工程造价等方面以后，决定支桥纵坡采用 4%，这样可以缩短桥长，并可少拆迁 1000 多平方米的居民住房。

　　为了保持橘子洲的美观，他们同时要求支桥路堤的最高填土不能大于 5 米，造价要求少于 100 万元。在方案通过省市委领导审定以后，我们设计组立即开始进行支桥施工图设计，其基本内容是：

（a）

橘子洲支桥由位于直线段的 6 孔 30 米和曲线段的 4 孔 20 米（曲线半径 120 米）双曲拱桥组成，全长 282.41 米。桥面全宽 8.0 米。除与主桥连接处的第一孔为平坡外，其余桥面纵坡均为 4%。

支桥处的地质覆盖层厚达 15 ~ 17 米，原考虑采用钻孔灌注桩，后因钻机不足改为奠基于砂砾石层上面的少筋和 4 个无筋沉井。1 号至 5 号墩为钢筋混凝土双柱式墩，6 号至 9 号墩及 10 号台为混凝土重力式墩（台）。

考虑到基础可能不均匀下沉，主拱圈由无铰拱改为双铰拱结构，采用满膛支架就地浇筑施工完成。

最后，在全体设计和施工人员的共同努力下，按照大桥施工进度计划，橘子洲支桥顺利完成了修建，确保了大桥按期建成通车（图 6-7-2）。

长沙湘江大桥橘子洲支桥随大桥主体工程于 1972 年 9 月 30 日通车以来，默默地为长沙服务了近 40 年。直到 2011 年 5 月 1 日，由于长沙市城市建设的发展，根据《长沙市地

(b)

铁 2 号线建设规划》，橘子洲站正位于原支桥由北向南的第二跨桥孔下面，于是决定拆除原支桥。

同时，为了适应城市交通迅速发展的需要，消除橘子洲上下行车辆在大桥上产生的拥堵，改善大桥的交通状况，因此，决定在大桥的南北两侧均新建支桥。

其中，新建的北支桥采用螺旋形布置形式。而新建的南支桥（全长 440 米，共 11 个桥墩，桥宽 10 米，其中车行道比原支桥宽 2 米）从原南支桥位置向西平移 20 多米。

在新支桥通车以后，这座承载着长沙人民记忆的橘子洲支桥也就完成了它的历史使命，新建成的南、北支桥匝道也就成了老支桥的"今生"。今天，我将它的设计、建设过程留在这本书中，算是留存一份念想吧。

第七章 / 施工："土洋结合"
与"勇于创新"

灌注 8° 钉钉身台

时间只有一个枯水期

长沙湘江大桥要在一年内建成，给予修建桥梁基础工程的时间就只有一个枯水期，否则就会增大建桥的造价，延长建桥的时间。

自1971年9月6日大桥正式动工以来，在指挥部刘景泉副指挥长和以大桥五处为主体组建的一分指的领导下，长沙湘江大桥下部工程进入了全面建设阶段。

长沙湘江大桥设计组在完成上部结构设计的同时，根据大桥上部结构对下部结构的要求，并结合大桥桥址处的工程地质、水文条件，以及施工机具设备、劳动力供应等情况，综合各因素分析研究后，与大桥五处的技术人员一起，对大桥下部结构做了全面的研究，并分别采用了多种不同的墩（台）、基础形式和施工方法。

例如，深水区的1号、2号和3号桥墩基础，采用了不影响通航的新技术，即"钢浮箱钢板桩围堰水下施工"方法（图7-1-1）；尺寸特别大的4号桥墩，采用了筑岛沉井的施工方

图 7-1-1　钢浮箱钢板桩围堰水下施工图。

法（图 7-1-2）；对于砂砾石覆盖层很厚的岸边或者是浅滩，对于不便于采用全基坑开挖的方法施工的桥墩（台），如 0 号、8 号和 17 号等，就采用了就地浇筑沉井开挖下沉的办法（图 7-1-3）。

对于小河段的桥墩，由于没有通航的要求，而且枯水期水很浅，可以在草袋围堰围水以后，利用人海战术，充分发挥人多力量大的作用，用"全面开花"的方式进行施工（图 7-1-4）。因此，这就充分体现了我们"土洋结合"的优势，保证能够在一个枯水期完成整个大桥下部结构的修建。

我们在提供了大桥基础工程施工图的同时，还提供了极其详尽的施工计划。我们对大桥主桥 18 个墩（台）采用的基础形式、各墩（台）基础底部奠基标高、施工方法、负责施工的单位和挖基工程量等，都做了细致的划分。按照施工单位及基础施工方法，我们将大桥下部结构施工划分为四个工作区段：

图 7-1-2　筑岛沉井施工图。

图 7-1-3　就地制作沉井施工图。

第一区段，由大桥五处二队和民兵二团负责施工0号至5号桥墩（台），其中0号台采用就地浇筑沉井开挖下沉的方法施工，开挖基础（后简称"挖基"）9687立方米，墩身浇筑混凝土7397立方米，沉井基础平均奠基标高18.296米；另外，1号至3号墩基础采用钢板桩围堰方法施工；4号墩是特大的制动墩，采用筑岛沉井基础的施工方法。

第二区段，由大桥五处三队和民兵二团负责施工的大河段及橘子洲上的5号至10号墩，因位于河滩上，采用就地浇筑沉井基础的施工方法；小河段11号墩采用围堰筑岛沉井基础的施工方法。

第三区段，由大桥五处一队和长沙工交（工业与交通运输业的合称）团负责施工的小河段12号和13号墩采用草袋围堰明挖扩大基础的施工方法。挖基8580立方米，砌筑圬工3951立方米。

第四区段，由大桥五处一队和民兵一团负责的14号至16号墩采用草袋围堰明挖扩大基础的施工方法。河西岸边的17号台采用就地浇筑沉井基础。挖基11116立方米，砌筑圬工2274立方米。

古话讲，久晴必有久雨。虽处枯水季，但为了防止来年春汛对整个工期的影响，确保1972年9月建成通车，当时的首要任务就是集中抓好下部结构基础的施工，具体要求是：

大河段的1号墩基础需在11月出水面，因为当时只有两套钢围图板桩，在1号墩基础完成施工后，需将其移至3号墩基础使用，所以3号墩基础的完成时限将后延至1972年3

月底；0号台基础和4号墩基础要求在1972年1月底前完成，以便安装大河缆索吊装的塔架，其余的墩基础需在1972年1月至2月全部完成。

小河段的8号和17号墩（台）基础需在12月15日至20日前全部完成，以便安装缆索吊装的塔架。9号至16号墩基础需在12月底前全部完成，以便安装悬挂边段拱肋的挂架。

此时，湘江两岸的大桥建设工地，呈现出热火朝天的施工场景，尤其是河西小河段，由于采用草袋围堰明挖施工方法，整个河段内水流断流，围堰内抽水后就由工人和义务劳动的市民下去挖取砂石、土，再肩挑或者排成长队一盆盆、一桶桶地搬运至岸边，用这种最原始的办法来完成这些桥墩基础工程。

省机械化施工公司派来了推土机，在围堰内将砂砾石推至围堰周边，再用人工挑至岸边，这样就大大加快了施工进度。

在大桥工地全体施工人员的日夜奋战下，工程进展十分顺利，到1971年11月底，据施工组统计，下部结构工程量达13583立方米，占下部结构总工程量的31%，占全桥总工程量的14.18%；围水筑岛已开挖6万立方米，占该项工程量

图7-1-4　河西小河段以草袋围堰后用推土机明挖基坑，然后利用人力搬运。

的 60%，占全桥工程量的 5.4%。

同时，上部结构预制构件的制作也十分顺利。全桥预制主拱肋共需 408 段，现已完成 92 段；完成拱波 34760 块，占拱波总量的 38.4%。以上全部工程量折合成大桥长度约为 260 米，约占总桥长的 22.66%。

河西接线土方量共 153344 立方米，现已完成约 30%（5 万多立方米）。

关于劳动力的供应和使用情况。大桥使用的常备劳动力为大桥民兵一团（2381 人）和二团（2955 人）。其成员主要由城镇居民、知青和农村"以工代赈"的农民工组成。他们都是多年跟随大桥五处和长沙市工程建设单位参加我省三线建设基本工程的建设人员。所谓"以工代赈"，就是一种社会救助措施，它是由政府投资建设一些基础设施工程，让贫困地区受救济的人参加这些工程建设而获得劳务报酬，以此取代直接救济的一种扶贫政策。据介绍，各用人单位包吃包住，此外，还给这些民工每人每月发 16 ~ 18 元生活补助费。

当时，长沙湘江大桥工程施工的这一阶段，就是以他们为主力军的。他们为大桥这一阶段工程完成了共 50 万个工日，约占总工程量的 1/3。同时，全长沙市人民参加义务劳动，也贡献出了 17 万多个工日，为大桥建设做出了贡献。

正是依靠万众一心齐上阵的力量和"土洋结合"建大桥的智慧，长沙人民的百年梦想最终才得以实现。

主桥墩台全部奠基在
江底新鲜岩层上

　　1972 年元旦，大桥工地在一片紧张繁忙的景象里迎来了
新的一年。

　　为了加快大桥工程的施工进度，大桥指挥部决定，在不
影响结构安全的前提下，将主桥河西段 50 米跨原设计采用
的混凝土桥墩的墩身部分，全部改为用小石子混凝土砌筑块
片石结构。这样，不仅可以节约水泥约 500 吨、木材 280 立
方米，还可以充分利用长沙当地盛产的地方材料麻石和长沙
县丁字湾麻石公司的施工力量，以加快施工进度。

　　此外，指挥部对下阶段的工程项目和劳动力又做了全面
部署，要求在保证工程质量、安全，以及各个施工单位人员
不变的情况下，加快施工进度，其中：

　　1. 长沙工交团原有 2000 人，在完成墩（台）基础施工后，
留下 1200 人继续完成小河段的墩（台）砌筑以及 2000 立方米
的混凝土工程，回填土方 6000 立方米，清理河槽桥墩围堰等

1.2万立方米。另外的800人参加橘子洲支桥和河东引桥引道工程项目。

2. 大桥民兵一团2381人，抽调其中120人配合上部结构吊装工程，其余人员继续完成14号墩至17号墩约1300多立方米的工程量，回填基坑1万立方米，清理河槽围堰1.2万立方米。

3. 大桥民兵二团2955人继续完成大河段基础及小河段河槽的清理工作。

4. 长沙市财贸团负责河西接线工程。

同时，大桥五处也拟定了12月份全桥下部结构详细的工程项目、实际完成的工程量以及完成时间等进度计划。其中，计划1971年12月17日至21日完成1号墩墩身、托盘和墩帽（图7-2-1）的混凝土灌注，拔出钢板桩和钢浮鲸围囹解体，定位航标的撤除等工程项目；计划1971年12月11

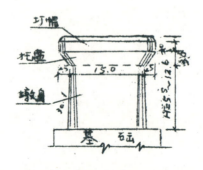

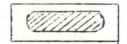

图7-2-1 墩身、托盘和墩帽示意图。

日至1972年1月10日完成5号墩沉井下沉、混凝土封底填心，以及墩身、托盘和墩帽混凝土浇筑等工程项目。

此时，大桥工地一片繁忙，施工按部就班，紧张而有序地进行着。

1971年11月29日晚上，大桥工地传来令工地所有人都震惊的消息。当日晚上7点多钟，正在施工的2500吨重的4号墩沉井突然发生沉陷和开裂破坏。这个消息让我们所有人的心情一下子跌到了谷底，万分沮丧。

这之后，在省市各级领导的关心和指挥部首长强有力的领导下，在全桥各级人员，尤其是大桥五处职工的努力下，终于胜利完成了4号墩沉井的修复。4号墩沉井最后于1972年1月14日重新开始下沉，1月26日顺利到达基岩，胜利完成了施工任务。4号墩沉井的成功修复在湘江大桥建设的功劳簿上留下了重重的一笔。

自此以后，全桥下部结构工程施工都顺利地进行着。

当然，在施工过程中，施工与设计之间也常会发生矛盾。施工部门对设计图纸提出异议或质疑的情况也时有发生。

1971年12月5日晚上11点多钟，我正在设计室加班完成自己的设计任务。此时，指挥部办公室人员来设计室通知我说，指挥部首长正在开会，要我立即去会议室。我当即跟随他去了会议室，指挥部李玉亭指挥长、刘贵副司令员、王传中副政委和王蔚琛、刘景泉副指挥长等首长正在开会研究桥墩钢筋混凝土双悬臂墩帽及托盘设计的问题。

我进去后，首长说，他们在会前曾接到工地电话，被告知大桥桥墩顶部的钢筋混凝土双悬臂墩帽内主钢筋布置有误，要求设计组更正。我一看就知道是钢筋工人误解了，当即就在会议室的黑板上绘图做了该处钢筋的受力说明，并说我们布置的钢筋是按照工程结构原理布置的，并无错误。通过我简单明了的解释，指挥部首长们明白了这个原理，都大大地松了一口气。于是，他们立即打电话通知工地继续施工。

在大桥全体人员24小时不停歇的辛勤劳动下，全桥下部结构工程都按照计划顺利完成了。

主桥18个墩（台）基础开始施工和完成的日期如下：

1号墩钢板桩围堰基础于1971年11月16日清理完毕；

2号墩钢板桩围堰基础于1972年1月11日清理完毕；

3号墩钢板桩围堰基础于1972年2月3日清理完毕；

（这三个钢板桩围堰施工的桥墩的基坑，都是经空气吸泥机吸泥后，由潜水员下水去搬走未能吸出的大石块，然后经水枪冲洗，吸泥机吸泥，最后浇筑水下混凝土而成。）

河东岸0号桥台沉井基础于1971年11月25日开始下沉，12月18日下沉完毕，12月18日开始清理基坑浇筑混凝土；

4号墩沉井基础经过重新加固后，于1972年1月14日开始下沉，1月26日下沉完毕，1月30日清理完毕，开始浇注基础混凝土；

5号墩沉井基础于1971年10月30日开始下沉，12月10日下沉完毕，12月12日开始清理基坑、浇筑混凝土；

6号墩沉井基础于1971年9月14日开始下沉，11月9日下沉完毕，11月14日开始清理基坑、浇筑混凝土；

7号墩沉井基础于1971年12月10日开始下沉，12月24日下沉完毕，12月29日开始清理基坑、浇筑混凝土；

8号墩沉井基础于1971年10月27日开始下沉，12月2

日下沉完毕，12月10日开始清理基坑、浇筑混凝土；

9号墩沉井基础于1971年10月19日开始下沉，11月26日下沉完毕，11月30日开始清理基坑、浇筑混凝土；

10号墩沉井基础于1971年10月15日开始下沉，11月11日下沉完毕，11月13日开始清理基坑、浇筑混凝土；

11号墩沉井基础于1971年11月14日开始下沉，11月21日下沉完毕，11月24日开始清理基坑、浇筑混凝土；

12号墩明挖基础于1971年10月28日开挖，11月12日完工，11月13日检查完毕后开始浇筑混凝土；

13号墩明挖基础于1971年10月28日开挖，11月18日完工，11月18日检查完毕后开始浇筑混凝土；

14号墩明挖基础于1971年11月12日开挖，11月23日完工，11月24日检查完毕后开始浇筑混凝土；

15号墩明挖基础于1971年10月19日开挖，11月1日完工，11月1日检查完毕后开始浇筑混凝土；

16号墩明挖基础于1971年10月19日开挖，10月28日完工，10月28日检查完毕后开始浇筑混凝土；

河西岸17号桥台沉井基础于1971年10月12日开始下沉，10月25日到达基岩，10月25日检查后开始浇筑混凝土。

长沙湘江大桥基础工程全部按期完成（图7-2-2），据当时施工组的统计，在大桥基础工程施工阶段，参加大桥建设项目义务劳动的单位包括省市机关、工厂企业、医疗卫生机构、大中小学和街道办事处等达580多个，约21万人次。义务劳动搬运砂砾石约42万立方米、木材约2100立方米，为修建大桥节约人工费约17万元。

图7-2-2 1972年3月，大桥主桥下部结构工程施工基本完成，为确保大桥一年建成奠定了坚实的基础。

下部工程基本完成

　　在长沙湘江大桥基础工程中，主桥所有的桥墩基础按照规程，在到达基岩表面层以后，还需清除风化岩层，然后再凿入新鲜岩层以下50厘米，才开始浇筑混凝土垫层，之后，再在其上按照基础类型的不同要求砌筑墩台基础。

　　我们可以拍着胸脯肯定地宣称：长沙湘江大桥主桥的全部墩台基础，均奠基在湘江江底的新鲜岩层上，绝对安全可靠！

　　当年，我深知桥梁基础工程质量是确保桥梁尤其是圬工拱桥的安全、可靠和耐久的基本条件。因此，在长沙湘江大桥基础工程施工中，所有需要人工下去清理、清洗，以及浇筑混凝土垫层之前的检查工作，我都尽可能参与其中。而且，当时我在亲临检查的每一个基坑中，都拾捡了一小块新鲜的基岩作为纪念。这些小块基岩标本我一直保存至1994年初，后因工作南迁，搬家时我才忍痛弃之。对此，直到现在我都有深深的遗憾。

　　对于长沙湘江大桥工程的建设质量，参加大桥建设的全体人员绝对是问心无愧的。长沙湘江大桥的基础工程，绝对是一个符合"世纪工程"要求的良心工程、放心工程。

自重约 2500 吨的 4 号墩沉井是炸，还是留？

　　根据"平战结合"的指示精神，为了满足施工和使用期间的安全需要，我们在橘子洲两侧湘江中各设置了一个可以承受拱桥上部结构产生的单向水平推力的制动墩。主桥中的 4 号墩和 13 号墩就分别是大河段和小河段的制动墩。

　　4 号墩沉井是 76 米跨的制动墩基础。该墩施工期间，水深 4～6 米，砂砾石覆盖层厚约 4 米，基岩表面较平整。

　　根据水文地质、工期和施工条件等因素综合考虑，该沉井采用在江中筑岛的施工方法修筑。根据桥墩的计算要求，沉井平面尺寸为 18.2 米×21.0 米，高 4.5 米，井壁厚 2.5 米，其中设有 6 个 5 米×4 米的挖泥孔。当时，这样大的沉井在国内也是少有的。

　　沉井按照不排水下沉施工方法设计。因为沉井的平面尺寸很大，下沉深度近十米，为了让沉井在取土下沉时能比较方便地切入土中，我们在沉井的井壁下端设计有斧头状的刃脚。

　　4 号墩沉井尺寸特别大，而且施工难度大，工期长，尤其是在主桥双跨缆索吊装施工中，需要在墩顶设置一个钢塔架。因此，4号墩沉井在大桥动工典礼以后，很快就被安排了施工。

1971年9月14日开始砌筑4号墩沉井施工用的便道，并架设浮桥。10月8日开始筑岛。由于沉井本身的平面尺寸很大，墩位处的水又比较深，所以筑岛的岛底平面尺寸达到46米×43米，岛顶尺寸为36米×33米。岛的外围用草袋装砂筑堤，岛内填筑粗砂夹卵石，岛顶铺垫了一层0.5米厚的河卵石，以便沉井重量能够沿垫层较均匀地扩散到岛面。岛的四角以及迎水面投片石防护。

11月15日开始浇筑沉井混凝土，直到11月17日中午浇筑完毕。11月16日开始对沉井已浇筑的混凝土进行养护，到11月23至25日撤除了模板。拆模以后沉井混凝土表面没有裂缝。因此，当时整个大桥工地沉浸在4号墩特大沉井顺利制作完成的喜悦之中，大家都在为迎接它的下沉做准备（图7-3-1）。

1971年11月28日上午8点半，施工人员开始在沉井周边挖土，准备沉井下沉施工。当时，大桥工地热火朝天，施工紧张有序地进行着。

11月29日晚饭以后，夜幕降临，指挥部大楼像往常一样，工作紧张从容，生活平静和谐。8点多钟，这种平静被打破了。指挥部内气氛突然紧张，办公室的人员个个神色黯然，默默无语。

此时，在办公室内做设计的我被通知，立即随指挥部首长去工地现场，有重要的工作商议。我当即丢下手中的工作，随指挥部首长乘车直接去了大桥工地。一路上首长们都默不作声，车内气氛凝重。直觉告诉我，可能出事了。当时我并不知道工地发生了什么事情，唯一希望的是不要发生人员伤亡事故。因为我多年参加大桥工地建设或实习，知道一个大桥工地最怕的事情就是出现工程事故而造成人员伤亡。

我们的车很快就到了湘江边，这时大桥指挥部的交通船已在湘江边等候，随后交通船直接开到了4号墩沉井筑岛围堰边。上岸后，我第一眼就看见张着巨大裂口的4号沉井（图7-3-2），顿时惊呆了。前两天我还专门来4号墩沉井观看过这个已经制造好的巨大沉井。可两天不见，它却成了这般模样。这真是令人震惊、痛心！

图 7-3-1　4号墩沉井施工现场。

图 7-3-2　4 号墩沉井开裂状态图。

　　我当即随指挥部首长走近沉井周边仔细观察，只见沉井的四个转角全部裂开了，最大的裂缝宽度达到 80 多厘米，人都可以钻进去。钢筋也全部拉断了。庆幸的是，出现这样的大事故时没有人员伤亡，顿时我们才算长松了一口气，这真是不幸中的万幸！否则，事故的性质就完全变了。

　　随后，指挥部首长在工地现场与值班人员交谈了一会，并让他们向所有的施工人员转达慰问，在提出做好善后处理的意见后，就立即返回了指挥部办公室。

　　当晚，在指挥部三楼会议室召开了各部门负责人的紧急会议。参加会议的有指挥部的李玉亭指挥长，刘贵副司令员，王伟中副政委，张副参谋长，刘景泉、王蔚琛副指挥长，大桥五处的负责人，工程部的梁平副部长和文炳兴副部长，设计组的唐永兴和我等人。

当时指挥部首长明确做了以下几个指示：

1. 这个事故出现后必须立即向省市委首长汇报情况。

2. 沉井的破坏情况相当严重，是否报废应该及时研究确定。

3. 立即着手用"三结合"方式成立三个专业小组。第一小组，事故排除组；第二小组，施工方案组，主要提出新的施工方案，例如，是用板桩围水明挖，还是用两个小沉井代替大沉井？第三小组，调查总结组，主要总结经验教训。

4. 稳定职工思想情绪，加强团结；要向前看；要加劲鼓劲，不能够松劲；把时间抢回来，绝不能够推迟完工的时间。

5. 要重视这一次事故，一定要实事求是，绝不追究个人的责任，一切由指挥部党委负责。

6. 一定要认真总结经验教训。经验是党和人民的宝贵财富，对今后的工作有重大的指导意义。要慎重、落实，要把经验总结起来，然后用在今后的设计和施工中。

同时，指挥部首长说要明确三个"不要怕"：

1. 不要怕领导批评，我们自己有了错误，批评是对自己的帮助；

2. 不要怕群众的批评和指责，群众是好心，是对国家财产负责，是痛惜国家财产的浪费；

3. 不要怕阶级敌人的造谣破坏，但我们一定要提高警惕，要进一步加强安全措施，加强保卫工作。

最后，刘贵副司令员严肃而激动地说，大桥出了事故是件令人痛心的事情，但是正如在战争年代，要攻下敌人的山头，如有牺牲，我们就不去攻占了吗？我们一定要勇敢地再向前冲锋，夺取最后的胜利。今天沉井出了事故，我们一样要重新把基础做好，保证大桥的胜利建成。下阶段绝不去追究这些具体设计和施工人员的责任，如果有责任，首先是我们指挥部领导的责任。一定要转告大家放下包袱，要想办法把4号墩基础早日建好。

　　在4号墩沉井发生事故以后，设计和施工人员的心情都十分沉重，具体负责设计、施工的人员更是忧心忡忡，情绪低落。在那个特殊的年代，一旦工作出现问题，每一个人都胆战心惊，不知道等着自己的会是什么命运。

　　当我们把指挥部首长们这些讲话传达给设计和施工人员后，大家都非常感动，同时也很自责。这时整个大桥指挥部的气氛仍然是极为沉闷的，大家为下一步如何处理沉井事故绞尽了脑汁。

　　首先要考虑的问题是，这个自重约2500吨的巨大沉井是炸掉，还是保留下来？

　　刚开始，沉井给人的感觉是：破坏成这个样子了，它恐怕难以处理和再利用。开始不少人认为只能把它炸掉重建。但是仔细一想，这个自重约2500吨的庞然大物，如果要拆除，也不是一件容易的事情，只能用爆破的方法去拆除它。而这种方法要花上几个月的时间。然后再新建，就错过了当年的枯水期。那就根本无法保证大桥一年建成了。如果这样做，造成的社会影响就太大了——毛主席家乡的大桥还没有修好就要炸掉？而且，若真要炸掉，不仅对不起湖南全省人民，更对不起殷切期盼且广泛参与大桥建设的长沙老百姓。

但是，如果不炸掉拆除，对于这个破坏得如此严重的沉井，我们该怎样利用？这又是一个难以解决的问题。这些问题使得大桥全体工作人员极为焦急不安。设计人员更是寝食难安。

在4号墩沉井事故发生以后，省市领导十分重视。

1971年12月5日下午，卜占亚副政委、杨大易司令员等省市领导亲自到4号墩沉井施工现场视察，并与工地现场的工人和技术人员座谈。首长们首先向施工现场的工人、民兵和技术人员们问好，并明确指出，工程出了问题，决不能灰心丧气，不能互相埋怨；要各自从实际工作中去分析，找出事故发生的原因和解决问题的办法；要在保证质量和安全的前提下，加快施工进度……

首长们的讲话给了我们极大的鼓舞。

1971年12月6日下午，我们设计组内专门讨论了4号墩沉井的设计问题。

首先，具体负责设计的同志简要介绍了沉井施工下沉，直到开裂的全过程。然后，他们详细介绍了该沉井的设计内容和计算方法。会上，大家结合4号墩沉井的施工过程，认真分析造成破坏的原因，其大致有以下几个方面：

1. 设计计算假定与实际的受力状态不相符。

2. 沉井的配筋方面存在问题。

3. 沉井结构布置得不合理，例如原设计中的过人孔均采用矩形，容易导致应力集中而引起破坏。

4. 采用的施工方法不恰当。沉井浇筑混凝土仅九天后，就在沉井外围四周刃脚处挖了一条宽 1 ~ 2 米、深 0.5 ~ 0.6 米的沟，这使得刃脚很容易受到破坏。且沉井下沉时未能均匀取土，这非常不利于沉井均匀受力。

通过以上对沉井破坏原因进行深入分析，我们归纳出了应吸取的教训，为下一阶段改进设计计算和施工方法提供了许多宝贵的意见。

当时，大家都意识到，炸毁沉井将会带来巨大的政治、经济和工期等各方面的影响。

1971 年 12 月 9 日上午，工程兵司令员陈士榘上将在省市委和大桥指挥部领导的陪同下，来到大桥工地参观视察，并专程去了 4 号墩沉井现场了解工程情况。他指出，参加建设长沙湘江大桥工程是一件极其光荣的事情，当然任务也是非常艰巨的，他希望大家克服困难，很好地总结前一阶段的经验教训，进一步加强安全措施，注意沉井平衡下沉，防止新旧混凝土之间连接不紧密造成新的断裂等。最后，陈士榘上将还明确提出，由工程兵有关部门向大桥支援一台大型的推土机，以加快大桥工程建设。

陈士榘上将的到来和表态令大家非常感动。这无形中给大家打了一剂强心针。

刃角，反刃角

这个时期，大桥指挥部从上到下形成了一个共识，我们大桥的这个沉井绝对不能轻易炸掉，一定要想尽一切办法将它修复好后再重新利用。

为了修复4号墩沉井，大家都在冥思苦想，献计献策。

这时，大桥五处具有丰富的桥梁施工经验的老工人王者兴、刘进祥等同志提出了一个想法：既然沉井破坏是由于施工方法不当——在开挖过程中，沉井靠自重下沉，刃脚在切入土层的同时，受到土层向外的推力，这才导致沉井破坏。那么，反过来，我们是不是可以在已经被破坏了的沉井外面，增设一个与原来方向相反的刃脚，即反刃脚。这样一来，在沉井维修完成后继续下沉时，这个反刃脚的外围土层就会产生向内的水平推力，将已被破坏的沉井向内推，使得已产生的沉井裂缝逐渐缩小，甚至完全闭合。

这个想法蓦然打开了大家的思路。经过"三结合"小组（由工人、领导干部和技术人员组成）的认真讨论，大家一致认为，增设反刃脚是一个可行的方案，在此基础上，又补充了一些新的建议。如，为了加强已破坏沉井的结构强度和可靠性，在沉井外围"反刃脚"边上再增加一圈0.5米厚的钢筋混凝土围箍。

我们将这个加固办法上报至大桥指挥部，经首长审定同意后，就立即开始对沉井加固（图7-4-1）。

1972年1月14日，经加固后的沉井重新开始下沉。通过吸取前面阶段设计与施工脱节的教训，这次在设计和施工人员的紧密配合下，沉井下沉得非常顺利。只用了12天，到1972年1月26日，沉井下沉约9米，达到了设计标高，完全符合设计要求。施工人员开始准备进入沉井内进行基坑清理作业。

1972年1月30日，清理沉井下基岩的作业仍在继续进行。当时，我也在沉井内和工人们一起清理基岩表层的风化岩层，最后还用水枪将基岩表面冲洗干净（图7-4-2）。基坑清理作业通过检查以后，立即浇筑沉井内混凝土。最后，该桥墩基础工程的建设任务终于圆满地完成了。

（a）

图7-4-1 钢筋混凝土围箍图（a）及反刃角手绘示意图（b）。

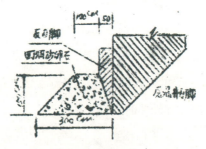

（b）

の号灯沉井封底荷夕.

1972.1.30.杆1:00

图 7-4-2 为了确保大桥基础牢固地奠基在河底新鲜岩层上，作者和工人们一起，在 4 号墩沉井内冲洗和清理基坑内的岩层表面，准备浇筑沉井封底混凝土。

4 号墩沉井在修复后重新下沉成功，为实现大桥一年建成的愿望提供了可靠的保证。

这次事故从发生到成功处理，也给整个工地的工人和技术人员上了一堂生动的教育课：教科书上并没有"反刃角"，但是经验丰富的老工人采用了逆向思维，由刃角产生的问题就用反刃角来解决，并达到了预期的效果，完美地解决了破裂沉井的修复问题。它又一次深刻验证了劳动出智慧，实践出真知的真理。

众心齐，泰山移！大家建桥的激情更加高涨。

后来，大桥指挥部还特别为大桥五处老工人王者兴记了功，以表彰他为解决大桥 4 号墩沉井重大事故提出新思路和首创技术而做出的重大贡献。

千头万绪二分指

　　大桥工程指挥部决定，以省交通厅原公路工程处的施工公司为主体组成的二分指，具体负责大桥主桥所有的上部结构工程，以及河东引道引桥工程和橘子洲支桥工程等项目的指挥和协调任务。

　　为了加强二分指的技术指导力量，省交通厅还增派来了许多具有丰富设计、施工和管理经验的老同志，如原省交通厅向光湖总工程师，省交通勘察设计院林祥威院长和白玉山书记，省交通科研所郑代蔚总工程师，省公路局工程科李於科科长，以及长沙市政公司等单位的有关人员。

　　同时，省公路工程处将施工公司的主力工程队，以及具有丰富施工经验的技术工人和技术干部派来大桥直接承担大桥工程建设工作。

　　当时，大桥如期建成的关键是主桥缆索吊装施工。为此，大桥指挥部确定，由王蔚琛副指挥长亲自领导，由工程部梁平副部长和文炳兴副部长协助，在二分指下增设吊装分指挥所和路面分指挥所，负责专项工程的具体实施和技术管理工作。

此后，二分指和各分指挥所密切配合，将各工程项目具体落实到各个工程队。具体分工如下：

1. 工程公司第六工程队负责主桥 1 号孔至 4 号孔（4×76 米）上部结构及引桥引道工程，队长郑夏初；

2. 工程公司第一工程队负责主桥 5 号孔至 8 号孔（4×76 米）及橘子洲支桥，队长傅长炯；

3. 工程公司第三工程队负责主桥 9 号孔至 17 号孔（9×50 米）及河西引道，队长赵克强；

4. 吊装分指挥所负责大桥主跨拱肋的吊装及拱上腹拱圈、立柱和盖梁等大型预制构件的吊装，各工程队具体负责主拱肋的预制和拱上结构的砌筑等项目；

5. 省建三团新河预制构件厂具体负责拱上结构,如拱波、腹拱圈、立柱和盖梁等大型构件的预制，由各工程队负责砌筑安装；

6. 路面分指挥所负责完成桥面工程项目，分指挥所指挥长邵振文。

我们设计组在设计过程中与施工单位的衔接，以及各项目之间的安排、配合等众多环节也经常会出现一些矛盾，但大家为着"建好桥，快建桥"这样一个共同目标，相互之间的配合还是非常默契的。有时为了让施工单位充分了解我们为确保工程质量所采用的设计方案，并及时解决施工过程中出现的问题，设计组与二分指也经常在工地会议室或者施工现场召开各种讨论会或者碰头会。

例如，1971 年 10 月 14 日，我们设计组与二分指具体负责橘子洲支桥施工的工程一队专题讨论了橘子洲支桥的设计内容，并征求大家的意见。

1971 年 10 月 21 日，二分指召开专题会，讨论主桥拱上结构的构件预制，橘子洲支桥、河东引桥的主体结构施工准备和场地布置等。参加会议的人数众多，二分指的技术负责人李於科、张杏芬、赵克强、傅长炯等，设计组的我、李少豪等参加了会议。

1971 年 10 月 25 日和 11 月 2 日，二分指专题讨论缆索吊装施工方案，由吊装分指挥所的陈义鑫详细介绍了双跨缆索吊装设备的选择和安装，以及与主桥施工的配合问题。

1971 年 11 月 19 日，二分指专题讨论主拱拱波安砌问题。二分指的技术负责人李於科、张杏芬、赵克强和傅长炯，设计组的我、张元星等参加了会议。会上重点讨论了主拱圈半悬拱波的构造和安砌问题。因为我们在主拱圈设计时，为了主拱外形美观，在大桥两侧面采用了半悬拱波的构造形式（图 7-5-1）。但这种构造给拱波的预制和现场安砌带来了很大的困难。因此，在专题讨论会上，大家提出了许多建议。这些建议对下阶段实际预制，以及加快施工进度、保证施工质量和安全都有很大的帮助。

1971 年 12 月 19 日，二分指召开专题汇报会，由路面分指挥所向指挥部汇报去南京、武汉、上海和杭州等地参观学习的情况。指挥部王蔚琛副指挥长、工程部梁平副部长和我们设计组的同志参加了会议。会上路面分指挥所指挥长邵振文详细汇报了 16 天参观四个城市有关沥青混凝土路面的设计和施工现状，以及施工设备的合理选择等，并对我们长沙湘江大桥路面设计提出了具体的建议。

会上，我也将我们去南京长江大桥参观学习期间，大桥桥面施工单位（南京市政公司沥青厂等）介绍的设计施工经验做了简要的介绍。大家说他们的经验有很大的启发意义。

主桥主拱肋预制是当时的关键项目，加之涉及的施工单位多，吊装施工的时间紧，因此，二分指决定，抓紧时间开始大桥拱肋的预制工作。

大桥主桥跨径有 76 米和 50 米两种形式，而 76 米跨径的拱桥桥孔又有普通孔、通航孔的区别。在预制场制作拱肋

图 7-5-1 半悬拱波砌筑。

时，为了节约预制拱肋的支架所需要的木材，而采用了土模，但要保证拱肋曲线的正确性，首先要按照拱肋不同类型的施工图提供的各类拱肋截面上、下缘的坐标值，在平坦的场地进行放样后才能制作拱肋的模板。

由于当时拱肋长度每一段均接近 30 米，大桥附近难以找到平坦又宽大的拱肋放样场地。通过周边调查，我们得到了湖南师范学院（现湖南师范大学）附中的支持。1971 年 10 月 12 日，在他们的室内体育场内，工程一队、三队的技术人员，分别放出了 76 米和 50 米拱肋的大样。

通过实测，76 米普通跨拱肋的弧长分别是：边段的内弧长 25.359 米，外弧长 25.404 米；中段的内弧长 28.640 米，外弧长 29.260 米。通航孔拱肋的弧长分别是：边段的内弧长 25.536 米，外弧长 25.617 米；中段的内弧长 28.640 米，外弧长 29.374 米。可见，每一个拱段的长度和弧长都不相同。

然后，木工按照地面大样再制作成样板，同时放出拱肋接头和横隔板的位置。这样得到的木模板，再用到拱肋制作现场作为拱肋底部土模和侧模板放样的样板，以保证拱肋的尺寸准确。

在预制场制作好拱肋底模以后，1971 年 11 月 6 日，76 米跨的边段和中段拱肋的第一片钢筋骨架（图 7-5-2）绑扎完成了。到此时，主桥也就进入了拱肋全面预制阶段。

随着主桥的拱肋预制和吊装工程的顺利进行，拱上结构的各种施工问题也必须及时解决，如拱波安砌，拱板混凝土浇筑，拱上立柱、盖梁、腹拱圈的吊装和安砌，人行道栏杆预制构件的安砌，河东引桥的钻孔灌注桩和挖孔桩基础，橘子洲支桥的沉井基础和河东引道的施工等各种施工问题，都

在二分指的统筹安排下，得到了妥善和及时的处理。

　　二分指同时还为全桥下阶段的施工做出了详细的进度安排。如：对于小河段，要求 1972 年 1 月完成拱肋吊装准备，2 月上旬开始拱肋吊装，2 月底吊装完成；3 月至 4 月完成上部结构，包括拱波、拱板混凝土浇筑及立柱、盖梁和腹拱圈；5 月至 7 月完成整个桥面结构；8 月 1 日以前全部完成小河段工程。对于大河段，要求 1972 年 3 月份以前完成所有下部结构工程。

　　具体安排是：1 月底完成 0 号台；3 月份完成主桥缆吊主索塔架的安装；4 月份开始主拱拱肋试吊；4 月至 6 月吊装完成全部拱肋，同时安砌拱波，浇筑拱板混凝土，安砌立柱、盖梁以及小拱圈；7 月初撤除缆索吊装的塔架，以及完成支桥和引桥的全部工程；准备 9 月 6 日通车典礼。

　　大桥是 1971 年 9 月 6 日动工兴建的，原定一年建成，因此初定的通车时间为 1972 年 9 月 6 日。后因工程进度计划改变，通车时间改成了 1972 年 9 月 30 日。

在大桥指挥部统一安排下，二分指在 1972 年 5 月 2 日以后又按照具体工程内容进行了全面协调和安排，并及时召开了多次大、小专题讨论会。如：

1972 年 5 月 8 日，二分指专题讨论了河西线路的接线问题，由主管这方面工作的王哲枢做了详细的介绍。

由于大跨径拱桥加载程序的合理性对无支架施工的大跨径拱桥的施工安全具有特别重要的意义，1972 年 5 月 11 日和 5 月 26 日，二分指接连召开了专题讨论会，重点讨论了 76 米跨主拱圈施工加载程序的设计方案。

二分指的向光湖、林祥威、张杏芬等，工程一队傅长炯，六队郑夏初，大桥民兵二团的负责人，设计组的我、张元星和常淼洲等人参加了会议。同时，会议还邀请了在大桥进行"学校教育改革调研"的湖南大学的姚玲森、刘光栋老师等 20 多人参加。

会上首先由我详细介绍了我们设计组拟定的加载程序设计。向光湖总工程师指出，加载程序设计正确、合理非常重要，更重要的是在设计程序确定以后，必须坚决执行，不能随意更改。接着，参会人员踊跃参与讨论，并提出了许多宝贵的建议和意见。其中，大桥民兵二团负责人提出，具体施工操作是由他们团的工人执行的，因此，他们要求指挥部必须向所有参与施工的民兵们说明按程序施工加载的重要性，以便大家自觉地去坚决执行，这个提议得到了大家的赞许。

1972 年 7 月 28 日和 30 日，指挥部又在二分指多次专题讨论新河预制厂预制构件的加工和运输问题。

1972 年 8 月 16 日，二分指专题组织讨论沥青混凝土桥面的施工问题。

　　1972 年 8 月 20 日，二分指又组织专门会议讨论大桥桥头接线和人行步道施工方面的问题。

　　在大桥二分指的直接领导和协调下，大桥工程进行得十分顺利，这使大桥在 9 月 30 日正式建成通车成为可能。

灵感来自晾衣绳——双跨缆索吊

　　长沙湘江大桥工程"改隧为桥"建设一开始，当确定采用无支架施工方法修建双曲拱桥以后，就立即将无支架缆索吊装施工方法的研究放在了极其重要的位置。之后，指挥部还设立了专门负责吊装任务的吊装分指挥所。

　　该吊装分指挥所以湖南省公路工程公司的吊装公司、湖南省建筑公司的机械化施工公司和大桥民兵团等机构的技术人员、专业技术工人为骨干组成。指挥所下设政工、施工和后勤三个组，共计24人，以及由50多名具有丰富施工经验的吊装工人、100多名年轻技工和400多名大桥民兵组成的吊装作业班。同时，根据不同阶段的施工任务，大桥指挥部还会协调配置其他工种人员，共同组成混合作业班执行各项施工任务。

　　为了选定适合长沙湘江大桥的无支架缆索吊装施工方案，全所技术人员进行了充分的调研和技术论证。

　　当年，我国修建大跨径双曲拱桥的热潮一浪高过一浪。

据不完全统计，当时，全国修建的跨度等于或大于 100 米的大跨径双曲拱桥已有十座，其中湖南、四川各有三座，广东有两座，河南有一座，还有一座未知。只是当年修建的这些大跨径双曲拱桥，仍多采用常规的有支架施工方法建成。如四川宜宾大桥是两孔 100 米，泸定桥是单孔 100 米。还有 1969 年建成的河南嵩县前河大桥，其主跨径达 150 米。

1970 年，湖南省自行设计，采用无支架缆索吊装施工法建成的湘西罗依溪酉水大桥，全长 365 米，其中跨越深谷的主跨达到 118 米，它的主索跨度达到 248 米，两边的主缆塔架分别设置在两岸的山崖上。主拱肋采用五段预制、五段吊装施工建成。它是当时采用无支架缆索吊装施工方法建成的特大跨径双曲拱桥的成功范例之一。

随着采用无支架缆索吊装施工方法修建双曲拱桥的数量不断增多，我省也培养了一支十分优秀的缆索吊装设计施工技术队伍。

当年，我国虽然有几个采用无支架缆索吊装施工方法成功的案例，但同时，也有采用五段吊装施工出现重大安全事故的案例，加之，当年这些缆索吊装成功的工程项目大多是单跨，而且主跨缆索的跨度也比较小。而根据我们长沙湘江大桥的实际状况，主桥吊装长度达到 1138 米，桥面宽 20 米，横向有 8 条拱肋，因此不可能采用以往所用的全桥一跨的布索方式。这些已有的成功经验不能直接用于我们这座特大桥的施工过程中，因此我们必须自己创新，去闯出一条新的成功之路。

通过深入的技术分析，如果仅将长沙湘江大桥主桥划分为两个缆索吊装区段，则在大河段，河东 0 号台至橘子洲 8

号墩（8×76米）的长度达644米；在小河段，8号墩至河西17号台（9×50米）的长度达494米。可见，这样缆索的跨度仍然太长，吊缆主索数量和塔架的高度等问题还是难以解决。于是，吊装分指挥所技术人员上官兴、陈义鑫等在吊装老工人的配合帮助下，提出了新的设想。

他们借鉴百姓在晾晒衣物时，如果绳子太长，就在晒衣绳的中间临时加一根支杆的生活经验，建议在大河段仍采用连续主缆索，只在4号墩墩顶设置一个临时支架，将644米跨分隔成两个322米的双跨吊缆，这就可以大大减小吊缆跨度，从而相应地降低对主索和塔架的要求。这个设想一经提出就得到了大家的赞许和认同。

1971年10月25日至11月2日，大桥吊装分指挥所就连续多次组织了吊装方案研讨会。会上，上官兴、陈义鑫等同志全面介绍了这种吊装方案的设想，还详细介绍了河东及橘子洲上拱肋预制场内采用的轻轨平板运输、龙门架吊装、驳船转运至河中供吊缆起吊等转运方式（图7-6-1），以及合理选择主桥拱肋吊装的顺序，边段拱肋吊装悬挂及桥墩上设置扣索排架，等等。

由于大跨径缆索吊装施工采用双跨连续缆索的方法在国内尚属首次，缺乏实际经验，为了做好这项工作，吊装分指挥所对吊装设计、施工中的每一个具体方案的制定，都发动大家积极参加讨论。而且，吊装分指挥所还专门组织了技术人员、领导干部和工人组成的"三结合"吊装设计技术小组，在认真总结交通基建部门以往经验的基础上，对总体和每一项吊装工程都预先制定了多种施工方案，并进行了反复的研究比较，在施工时又不断总结实践经验，进行修改和补充完

图 7-6-1 拱肋预制及起吊运输图。

善，使得各个阶段的施工方案都能做到因地制宜，切实可行。

12月底，吊装分指挥所还专门召开了一次吊装方案展示汇报会，详细介绍了大桥吊装设计方案。

由于双跨连续缆索吊装施工在湖南省还是第一次，为了检验设计理论的正确性，落实方案的可靠性，我们进行了模拟试验（图7-6-2），希望通过模拟试验，充分掌握单跨与双跨连续缆索的受力状态，研究中间可动支架上的滑轮支座的受力特性，以便为大桥设计吊装方案提供参考依据。

为了减少试验中支架和锚桩的设置，我们选择模拟试验在橘子洲上的7号和8号两个墩之间进行。我们将缆索分别固定在7号墩和8号墩上，同时，在两个墩之间设置了一个直径12厘米的圆木独脚扒杆（顶上装有滚轮）。

这次试验结果表明，双跨缆索较单跨缆索的受力性能更好。当垂度相同时，单跨缆索的拉力更大，同时，中间支承的扒杆风缆受力很小，这就证明了中间支撑塔架主要是承受

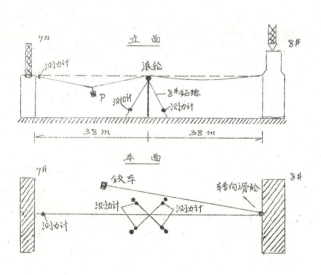

图7-6-2 长沙湘江大桥首创的主桥双跨缆索吊装施工方法试验项目的试验场布置示意图。

竖向压力，其承受的水平推力非常小。而且加载时的实测数据与理论计算值基本符合，说明原来采用的双跨缆索吊装理论是正确的。

在试验结束以后，吊装分指挥所再次对原有方案做了修改、完善。最后确定的长沙湘江大桥吊装实施方案如下：

长沙湘江大桥主桥全长 1156 米，现将大桥吊装长度 1138 米分为两个施工段，即橘子洲 8 号墩至河西溁湾镇 17 号台的小河段和河东沿江大道 0 号台至橘子洲 8 号墩的大河段。

设计吊装方案时，考虑两个施工段共用一套吊装设备，缆索塔架由 8 号墩控制设计。先吊装西边小河段的 9 孔 50 米的拱肋。因 50 米跨拱肋吊装构件轻，拱肋分三段吊装，边段长 18.1 米、重 7.5 吨，中段长 19.0 米、重 7.9 吨，根据现场吊装设备能力，有条件采用大跨径缆索一次跨越吊装方式，缆索净跨径 492 米，两岸桅杆塔架高度均为 35 米，其布置形式如图 7-6-3（a）所示。

在完成小河段拱肋吊装后，再吊装大河段（8 孔 76 米）的拱肋和拱上构造。

根据吊装方案确定，由于大河段河面较宽，吊装构件较重，76 米跨拱肋分三段吊装，边段长 26.1 米、重 14.7 吨，中段长 28.9 米、重 16.2 吨，采用双跨连续无支架缆索吊装方案，在河东 0 号台和橘子洲 8 号墩上分别设高度为 40 米及 35 米的桅杆塔架做固定支座（其中 8 号墩上的 35 米塔架为两个施工段共用）。在大河段 4 号制动墩上设置高 30 米的万能杆件中间塔架，作为顶托主缆索的活动支点，共同形成两跨 322 米的连续缆索，其布置形式如图 7-6-3（b）所示。

大桥主索开始拟定采用 4 根直径 47 毫米的钢丝绳，后因材料无法解决，故因地制宜改用两组6根直径39毫米的钢索。

吊装拱上结构时，在每组主索东边4孔和西边4孔各设一个跑车，两组主索的每个跑车间用工字钢做成的"铁扁担"横向连接，在两吊点下的"铁扁担"上设置了与各类构件位置相应的62个吊点。这样，立柱每次可以吊1～5根，盖梁每次可吊2根，小拱圈每次可吊6块。这样一来，不但能够做到均匀加载，而且施工方便，速度又快。

施工过程证明，对整个大河段8孔桥跨、重量近5000吨的多达1400多件拱上预制构件，吊装工作只用了25个工作日。

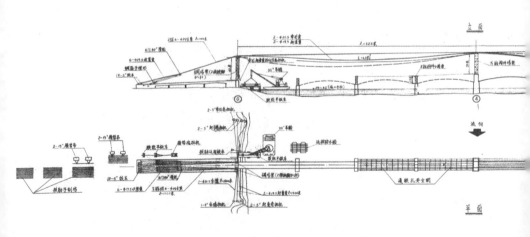

图6-2 大河拱肋吊装主索系统

（b）

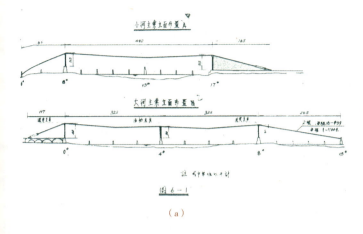

(a)

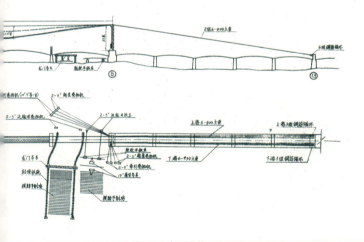

图 7-6-3 小河段（a）、大河段（b）缆索吊装主索布置图。

在大桥吊装实施方案经指挥部批准以后，吊装分指挥所立即组织实施大桥现场吊装工作。吊装施工现场劳动力组织情况以大河段8孔76米拱肋吊装为例：指挥、通信11人，卷扬机手40人，预制场拱肋起吊运输30人，拱肋高空安装46人，拱肋扣索安装50人，拱肋横移及风缆安装30人，测量观测12人等。

在大桥吊装准备工作完成以后，为了检验大桥吊装设备和各项准备工作的可靠性，确保吊装施工一次成功，吊装分指挥所决定在正式吊装之前进行一次试吊，即用成捆钢轨代替真实的拱肋，按正规操作程序做一次吊装操作演练。试验结果令人十分满意。

于是主桥拱肋吊装正式开始。

长沙湘江大桥主桥双跨缆索吊装施工的主要工序包括以下几个方面：

1. 在0号和8号墩（台）墩顶分别设置吊装主塔架，在4号墩墩顶设置支承塔架。

2. 架设大桥的两根长1000米的主索。

3. 拱肋预制场内运输设备的安装，如在橘子洲预制场内拱肋运输采用平板龙门吊（高9.38米，长36.58米，实际吊重18吨，自重22吨）。

4. 拱肋吊装。大桥8孔76米双曲拱，共有192段拱肋，768个拱肋接头，根据总体施工进度计划要求，需在一个月内完成吊装。

由于长沙湘江大桥工程充分借鉴了我省十余座多孔双曲

拱桥无支架施工和设计中已有的成功经验，施工十分顺利。西边小河段9孔50米，共216段拱肋，实际只用了15天吊装完成。

大河段8孔76米，5号孔至8号孔共96段拱肋，从1972年2月25日第5孔第一条边段拱肋吊装开始，实际只用了15天吊装完成。第1孔至第4孔共96段拱肋，实际只用了7天吊装完成，平均一天可吊装12段（4条拱肋），最多的一天吊装了24段（8条拱肋）（图7-6-4）。

在拱肋吊装过程中，有一件最令我终生难忘的事情，就是在吊装拱肋开始时，由于拱肋接头是由我负责设计的，为了确认拱肋吊装合拢时这个接头的可靠性和安全性，我认为在第一个拱肋吊装合拢时，应该在那个接头位置处亲自观察这个接头的受力状况。

因此，在两个边段拱肋就位悬挂以后，在即将悬吊中段拱肋就位之前，我坚持要去边段拱肋接头处观察合拢时的拱肋状态。但由于这个拱肋接头悬在离桥墩20多米远、高于湘江水面以上近20米的位置，且只能从桥墩与拱肋端部连接处沿着悬挂着的拱肋爬到接头位置，周边又没有什么防护措施，这时负责吊装的班长向师傅坚决不同意让我上去，经过我的反复解释，他又见我态度十分坚决，最后才同意在合拢第二条拱肋时让我只身爬到边段拱肋接头的端部。在第二条拱肋合拢之前，我预先爬到了拱肋前端，骑坐在拱肋端部，用手扶住拱肋上的钢筋，仔细观察接头合拢时的情况……

当中段与边段拱肋对接，吊索和扣索逐渐放松，接头两端逐渐合拢时，接头处嘎嘎作响，我的眼睛紧紧盯着接头，身体就感觉到拱肋在不停地颤抖。随着中段与边段拱肋接头

（a）

（b）

（c）

（d）

图 7-6-4　76米主拱吊装施工〔吊运（a）、悬挂（b）、合拢（c、d）等〕图。

处的截面逐渐合拢、顶紧，拱肋的颤抖也慢慢停止，声音也慢慢消失，这也就表明三段拱肋已经完全成拱受力了。这时，骑坐在拱肋接头端部的我悬着的心也才真正地平静下来。当我返回到地面时，吊装师傅们都感动地上来与我握手。这时我内心的喜悦真是难以言表。

由于长沙湘江大桥主桥上部结构施工选用了双跨连续缆索吊装施工方法，这不仅在施工期间保证了通航，避免了洪水的威胁，克服了深水施工的困难，节省了大量的支架木材，而且大大加快了施工进度，缩短了工期。长沙湘江大桥吊装分指挥所仅仅用了 72 个工作日，就完成了重量近万吨的 1900 多件钢筋混凝土预制构件的吊装任务，为我国大跨径多跨连续双曲拱桥吊装工艺积累了宝贵的经验。

我们首创的双跨连续无支架缆索吊装施工方法，是保证长沙湘江大桥一年建成通车的关键性的施工措施之一。长沙湘江大桥也成为全国第一座采用连续吊缆无支架施工成功的大型多孔双曲拱桥。该工程当年在国内获得了极高的评价，引起了广泛的重视。

夜以继日的预制场

为了加快施工进度和保证施工质量，长沙湘江大桥工程设计中采用了大量的钢筋混凝土预制构件。根据省市领导的指示，这些预制构件的生产任务全部交给紧挨着浏阳河的原省建三团的新河预制构件厂。

作为大桥工程制作钢筋混凝土构件的基地，佘国良团长选派了一批有丰富经验的技术工人，在预制厂三连罗连长的带领下，一边对大桥派去负责生产的民兵做技术培训，一边带领他们生产预制构件。

在生产预制构件之初，由于长沙湘江大桥的施工期非常紧张，需要及时生产大量的预制构件，这让预制场本显局促的场地变得愈发紧凑。于是新增大量的预制场地成了预制场必须马上解决的头等大事。由于当时缺乏振动设备，他们就采用人工打夯的办法来加固地基，只用了十多天的时间，就扩大了3200多平方米的预制场地，为加快预制构件的生产创造了必要的条件。

但是，随着构件数量的增加，需要提供更多的场地，因此，他们又要继续扩大预制场地的面积。当时，如果采用常规的方法增多预制场地，就需要很多水泥等材料，也需要很长的时间。这时，工地上的同志们就想了很多办法。他们用最简单的办法反复试验，最后用砂土场地代替了我们通常采用的水泥预制场地。他们还总结出了一套在砂土场上立制构件模板的经验，先后扩大制作场地面积达到9200多平方米。

此举节约了水泥1680吨，节约了资金2万多元。因为他们的付出，预制构件的制作进展也大大加快，他们提前20多天完成了小河段的拱波制作，提前50多天完成了大河段的拱波制作。这也为制作大型的钢筋混凝土构件，如主拱上的立柱和盖梁，以及腹拱的拱圈等腾出了时间。

在预制过程中，预制构件的表面曾经出现了蜂窝或麻面这样的现象，这就影响了构件的质量和美观，也直接影响到大桥工程的质量。为此，他们又及时总结出了一系列经验：在混凝土制作过程中，如果混凝土配比不符合要求，就不准施工；如果钢筋绑扎不合规格，就不能浇筑混凝土；如果在混凝土浇筑振捣过程中振捣不密实，就不能够停止振捣……最后，他们保证了每一件预制构件都是合格的。

他们的不懈努力，保证了大桥的工程质量和施工进度（图7-7-1，图7-7-2）。

在大桥预制场里负责生产的民兵一团北一连，主要是由长沙市北区（现已撤销）的街道居民组成，其中不少还是初中刚毕业的城市待业青年。他们是从参加建设湘黔铁路工程现场抽调回来，参加长沙湘江大桥工程建设的。

他们在生产预制构件的过程中，遇到了很多困难。例如，那个时候正是冬天，由于下雪天冷，混凝土预制构件不能受冻，晚上如果没有很好的保暖措施，这些构件就会被冻坏，所以他们晚上都用稻草垫子把预制构件包裹起来。他们的精心制作和养护保证了大桥工程的质量优良。他们圆满地完成了预制构件的生产任务。

在预制场里负责生产的民兵们，冬天不怕风雨冷，夏天不怕太阳晒，坚持日夜不停地生产。有一次因为生产区需要停电一天检修设备，为了不影响工期，民兵梅建培和60多个年轻的伙伴，顶烈日，战高温，经过十多个小时的奋战，抢在停电前完成了拱波36块、立柱6根、人行道板16块，共计76立方米混凝土的预制工作，创造了台班生产的最高纪录。

在大桥预制场从筹建到制作构件的整个过程中，大桥指挥部首长对其都极其关注和重视。我和三团团长佘国良就曾多次陪同指挥部的李玉亭指挥长、王蔚琛副指挥长和工程部龚义臣部长、任副部长等去工地现场检查构件质量，并及时解决预制场职工生活等方面的问题。

大家都非常关注预制构件的生产进程与大桥总体施工进度计划的配合和协调。为了满足生产进度的要求，大桥工程指挥部总是在第一时间做出响应和处理，及时增加劳动力，及时解决材料供应及构件运输等问题。如当时制作大桥栏杆扶手需要的白凡石得从湖北省黄石市大冶购置，指挥部得知后立即派人联系购置。

1972年2月23日，指挥长专门召开了"关于大桥预制构件运输专题讨论会"。大桥运输组之前做了大量的调研协商工作。会上运输组负责人肖青介绍了他们的方案。通过大

家的认真研究讨论，大会拟订了一个较为完善的运输计划。

按照大桥设计，预制构件总重量达11000多吨。运输构件的总原则是：预制场紧挨着浏阳河，可以尽量利用水力加大运量，节省费用，因此能用水运的构件尽量采用水运。主拱圈的拱波总量约4000吨，每块重约120千克，可以采用人工搬运。当利用机帆船进行运输时，在枯水期也可靠近岸边码头，利于搬运。其他构件，如拱桥上部结构的部件，腹拱圈、立柱和盖梁等重量达7000多吨，则全需采用车辆运输。

同时，根据大桥工程总体施工进度计划，预制构件的出运时间和运量等都有了相应的详细的计划。

东边河拱上结构施工全景

（a）

安装桥面灯具

（b）

主桥栏杆施工

（c）

喷洒桥面热沥青

（d）

图 7-7-1 大桥施工组图1。

（a）吊装东边河腹拱圈

（b）浇筑拱版石

L₀=76米跨立柱与盖梁连接处外行灌注

（c）

乌賊76米跨横隔板施工

（d）

图 7-7-2 大桥施工组图 2。

例如，按照工程计划，从2月25日开始吊装第五孔主拱的拱肋，预计每天吊装16段拱肋，到3月5日前即可完成该孔拱肋的吊装施工任务，接下来开始安装该孔拱波。为保证工程顺利进行，指挥部要求必须在3月3日至13日将所需要的拱波按要求运送至该孔工地现场，保证拱圈施工的进度要求。按照这样的运输量，推算出所需要的劳动力用量：拱波装船处200人、卸船处100人、共计300人。

另外，小河段腹拱圈预制构件共1320块，3月底开始吊装，因此要求3月10日前就开始运输，保证15～20天运完；大河段计划4月11日开始吊装拱肋，5月10日前拱肋吊装完成，4月22日开始安装拱波，5月底前安装立柱、盖梁和腹拱圈，这些构件运输都必须提前运到现场。

大桥桥面所需要的人行道栏杆内的花栏隔板和人行道预制构件等必须保证在7月1日以前运到现场。引桥和支桥的预制拱波必须在3月15日之前开始运输。

经过仔细研究讨论后，大家初步确定了按照这个计划施行，以后随工程项目进度的变化再做修改补充。最后，李玉亭指挥长明确要求，质量检查由大桥施工组和设计组负责，构件运输由大桥工程部运输组负责。

大桥预制场除了预制构件，还为大桥的腹拱圈静载试验等研究项目提供了试验场地和设备。在大桥各部门的相互配合和民兵一团北一连全体民兵的共同努力下，这个预制场只用了十个月就完成了我们设计的近7000立方米的钢筋混凝土预制构件（20多个品种、40多种类型、49000多个），为大桥的顺利建成立下了汗马功劳。

第八章 ／落成：百年梦，终成真

大桥通车盛况

1972年9月30日，长沙湘江大桥建成通车的隆重庆典日，这个日子，早已深深印在长沙人民的记忆中，这也是大桥大事记中必定会提到的日子。

为什么选用这个日子？根据我当时记录的资料，现在回忆起来还是很有意义的。

10月1日是国庆节，举国欢庆的日子，大桥原定于这一天举行通车典礼。后来，省市领导经考虑，将大桥通车典礼改在9月30日，是希望大桥通车典礼在国庆节前举行，而到了国庆节这一天，全市人民可以在放假期间，扶老携幼，举家到大桥上观光游览——看看这个由湖南人尤其是长沙人为之奋斗了300多个日日夜夜的、付出了艰辛汗水的大工程，看看自古以来一江之隔的河东河西，如今只用了一年多的时间"绘"制的一幅长虹卧波的美丽画面。

为了保证大桥通车典礼顺利进行，指挥部决定在盛典之前进行一次全面的安全大检查。为了做好这次大检查，指挥部首长极为重视，几天前就做了安排。

9月29日上午，在王蔚琛副指挥长的率领下，指挥部各部门和一分指、二分指的主要负责人共十多人前往大桥进行检查，我作为设计组代表也参与了此项工作。

在河西桥头（17号台）聚集后，大家开始在大桥上从西向东一路步行，一路检查大桥桥面的各项设施的安全性和可靠性，同时也检查为大桥通车盛典布置的各项工作完成的情况。经过一番认真的观察和讨论后，大家确定9月30日举行通车典礼是绝对安全可靠的，同时也指出了一些虽不影响大桥质量，但仍需要弥补和修改的小缺陷，这些留待通车以后逐渐完善。

检查完成后，我也就在大桥上照相留念（图8-1-1）。

图8-1-1 作为大桥正式通车前的第一批行人，作者深感荣幸，特在大桥上照相留念。

作为大桥建设完成后的第一批行人，我们深感荣幸！

1972年9月30日，"长沙湘江大桥通车典礼"在长沙市隆重举行。长沙市2万多名群众参加了通车典礼，他们满怀激情，载歌载舞，欢庆长沙湘江大桥的胜利建成。

在庆典大会上，首先由省委常委、省革委会副主任万达做了重要讲话。他指出，长沙湘江大桥是在中央亲切关怀下建成的，它同时得到了交通部和上海、广东、江苏、山西、湖北等省市的有力支持，是参加大桥建设的全体工人、民兵、解放军指战员、工程技术人员和干部们共同奋战的结果。

接着，长沙市委第一书记、市革委会主任景林和建桥指战员代表也做了讲话。景林指出，在省委做出兴建长沙湘江大桥的决定后，一万余名建桥指战员，满怀雄心壮志，从四面八方来到建桥工地，展开了一场抗严寒、斗洪水、顶烈日、战高温、抢速度、保优质的建桥战斗。

从大桥建设一开始，大桥就成立了以工人、领导干部和技术人员组成的"三结合"小组，其深入现场实地勘察，认真调查，精心设计出大桥的宏伟蓝图，并勇于实践，勇于创新，因地制宜，土洋结合，战胜重重困难，精心施工，完成了长沙湘江大桥的建设。在整个建桥过程中，省市军民都把早日建好大桥当作一项光荣的任务。省会驻军、企业职工、机关干部、大中小学师生和街道居民都积极参加义务劳动，贡献了80万个工日。

总之，长沙湘江大桥的胜利建成是一首团结战斗和相互协作的凯歌。

湖南省委书记、省军区政委卜占亚剪彩以后，作为建桥指战员的代表，我们与参会群众代表一道，无比兴奋地分乘百余辆大客车，由三辆彩车做先导，在大会的欢乐乐曲和周围群众的欢呼声中，浩浩荡荡地通过了自己亲手建成的大桥（图8-1-2）。

全市人民的百年梦想终于成真了，大家都感到无比骄傲和自豪。

1972年10月1日国庆节，全市成千上万的市民兴高采烈地扶老携幼，畅游了长沙湘江大桥。不少老人走在桥上，边走边抚摸着大桥栏杆，同时流下了激动和兴奋的泪水。为了纪念大桥建成通车，许多当年出生的婴儿在取名时就用了"桥"字。我一位同事的儿子是那一年出生的，就取名为"熊桥"以示纪念。

图8-1-2 大桥通车典礼组图。

大桥通车时，过桥交通量已接近设计量的一半

　　在大桥通车庆典之后，指挥部首长于 1972 年 10 月 5 日及时召开了大桥各部门负责人工作会议，对节后工作做了详细的布置和分工。

　　在会上，王蔚琛副指挥长指出，首先必须继续完成的项目有：河东 0 号台和 8 号墩周围的市政设施，湘江东、西两岸的护岸工程，以及大桥管理处溁湾镇樟树山用房等项目。他同时指出，在大桥工程即将全面完成前，还需完成新增的一些工程项目。

　　根据长沙湘江大桥工程初步结算，大桥共用钢材 2350 吨，水泥 26600 吨，木材 10450 立方米（包括主桥、拆迁房屋及临时工程），砖石圬工材料 10.7 万立方米，劳动力 182 万个工日（不包括义务劳动工日），经费约 1790 万元。

　　根据上述经费结算，在除去余下工程所需的经费外，长沙湘江大桥预计尚可结余资金约 180 万元。因此，根据省市委领导的要求，我们长沙湘江大桥指挥部还将继续承担修建

市内八一路跨越京广铁路的跨线桥和河西麓山饭店的任务。并且，指挥部要求立即正式组建"长沙湘江大桥指挥部八一路跨线桥分指挥所"。具体设计任务仍由我们设计组负责。

会议结束以后，我们立即行动。

在这个会议之前，我们已经根据指挥部首长指示，提前组建了"八一路立交桥设计小组"，并拟出了初步的设计方案。因此，会后我们立即在原有设计小组的基础上加强力量，全力投入到八一路立交桥的施工图设计和施工准备的工作中。

同时，根据指挥部的统一安排，我们继续完成河东、河西桥台周边的景观平台、两岸护堤工程、橘子洲8号桥孔下景观场所等项目的规划和施工。

大桥建成后的首次交通量调查

为了进一步验证长沙湘江大桥工程完成以后给湖南省和长沙市交通带来的改善，我向指挥部首长建议，对大桥的交通量做一次实况调查。这个建议很快就得到了指挥部首长的批准。于是，我们就在1972年11月9日（雨天）和10日（晴天多云）这两天，从早上6点至晚上10点，对大桥的交通量进行了实测。

据实测记录统计，11月9日和10日两天，按通行车辆类型和交通量列表如下（表8-2-1）：

表 8-2-1 长沙湘江大桥交通量调查汇总表

车辆类型	1972年11月9日 车辆数/辆	1972年11月10日 车辆数/辆
汽车-13级货车	39	25
汽车-10级货车	11	17
载重2.5~4吨货车	828	932
汽车-8级拖挂车	76	138
载重1.5吨客货车	55	99
公共汽车	599	600
带拖挂的公共汽车	0	27
轻型客车（轿车、吉普车）	319	319
拖拉机	84	92
丰收-27拖拉机	25	35
合计（实际车辆）	2036	2284

由以上统计可见，11月9日交通量总计为2036辆，11月10日为2284辆。

由调查可知，这两天全日交通密度最高的是下午3点至4点，分别为206辆每小时和241辆每小时。在1970年10月筹建和设计之初，长沙湘江大桥设计交通量为5000辆每日。到1972年11月大桥建成时，仅仅过了两年时间，其交通量就已经接近设计交通量的一半。这也就充分证明，长沙湘江大桥的修建是何等及时，何等重要啊！

在大桥胜利通车前后，随着工程项目和工作量的减少，大桥设计和施工人员随之减少。根据指挥部首长的指示，我与设计组其他几个留下的同志开始准备编写大桥工程总结（由我具体负责），同时准备参加由省委组织的在1972年10月22日至31日召开的湖南省工交基建企业政治工作经验交流会议，以及准备接待中央和其他省市来大桥参观的首长和单位人员。

随着大桥胜利建成通车，以及后续工作的逐步完成，到1973年1月末，我已按照长沙湘江大桥指挥部首长的指示，主持编写完成了《长沙湘江大桥工程技术总结（初稿）》。这时，我被大桥指挥部授予"三等功"的奖励（图8-2-1）。

此后，根据湖南大学的要求，经指挥部首长批准，我返回学校准备承担"文化大革命"后招收的工农兵学员的教学任务。

图8-2-1　为表彰作者对建桥工程做出的贡献，长沙湘江大桥工程指挥部为作者颁发的奖状。

八一路跨线桥诞生记

八一路跨线桥位于长沙市区清水塘地段，横跨芙蓉路，是长沙城区第一座跨线桥，于1975年建成，是一座全长172米、宽20米的钢筋混凝土双曲拱桥。

关于这座桥的修建，我不禁回忆起一些令人难以忘怀的事情。

1972年，长沙湘江大桥工程正处于施工高潮阶段。5月1日劳动节后，我接到大桥指挥部首长的指示，去长沙市城建局了解城内小吴门的规划，并重点了解八一路跨铁路修建跨线桥的相关问题。

说起小吴门，当年我们这些湖南大学的年轻教师，就算是对长沙市区其他地方不熟悉，但是对这个地方还是比较熟悉的。当时湖南大学的驻城办事处，就设在靠近小吴门的中山路百货公司旁边。在"文化大革命"初期，从学校来市区游行后，中餐时间我们可以用学校麓山门食堂的饭票在这里吃午饭。吃饭后，我们会顺便去百货大楼转一圈，再返回学校。

当与市城建局联系并确定后拜访的时间后，我于1972年5月6日上午前往市城建局，并受到了局里负责人吴同志的热情接待。他向我详细介绍了小吴门的规划。当知道我是来长沙工作的外地人时，他十分热情地向我介绍了小吴门的情况。

长沙民众口中的小吴门，通常泛指中山路、八一西路和建湘路的交会区域。因为毗邻长沙老火车站（现芙蓉广场），小吴门在长沙是无人不知、无人不晓的地方。

小吴门，曾经是古城长沙的九大城门之一。民国初期，城门已被拆除，但这个地名，以及昔日的繁荣，仍深深扎根在长沙人民的心中。当年，小吴门还是长沙市城区"三宣传""三集中"的重点地区。

"三宣传"指的是革命纪念、文化和教育宣传地。小吴门保存有多处革命纪念地，如中共湘区委员会旧址——清水塘纪念馆，在中山路、蔡锷路交叉口附近的湖南自修大学旧址（即船山学社）等。周边著名的中、小学校云集，长沙市一中和清水塘小学便是其中的两所。同时，小吴门及周边还有多个大型的文化活动场所，如湖南烈士公园、长沙市青少年宫、新华电影院（长沙当时最好的电影院）和1957年建成的"红色剧院"（长沙最早的现代剧院）。

"三集中"指的是交通、百货和影视的集中地。

与小吴门毗邻的长沙老火车站是1911年修建粤汉铁路长沙至武昌段时修建的，后来扩建成京广线上的长沙客运站。

小吴门也是长沙当时最繁华的商业购物集中地。当时长沙最大的百货公司——中山路百货大楼（1929年建成，原湖南省国货陈列馆）就在这里。这里还有著名的湘江宾馆，它原为湖南省交际处，是长沙当年唯一的宾馆；还有小吴门邮局，它是长沙当年最大的邮局。

在小吴门区域范围内，大小街道纵横交错，八一路和建湘路分别是市区内东西向和南北向的主要干道，交通十分繁忙。当时由于八一路被南北纵贯市区的京广铁路所切断，长沙城内的道路交通难以畅通。

当年，湖南省的党政军机构的主要出入口几乎都在八一路上，而从八一路向西进入市区均在小吴门处被京广铁路隔断，而且此处行人交通也十分繁忙，通行量约3000人每小时。据调查，因铁路车辆通过而必须放下防护栅栏以阻止车辆和行人通行的次数，在6小时以内就达到17次。每次从放下栅栏到允许通行，时间约15分钟，这已严重影响了长沙市的经济发展和人民群众的生活。

因此，多年来长沙市政府和人民群众一致力图在此处修建跨铁路的立交桥，以改善城市交通和方便群众生活。

吴同志还介绍说，市城建局曾为该处拟订过建桥方案。

据调查，八一路全宽24米，其中车行道宽14米，两侧人行道各宽5米。但该桥因跨越京广铁路，其主跨不宜小于23米，另加两侧人行道，因此市城建局建议新建跨线桥主跨以34米为宜。

关于桥高和纵坡设计，考虑到交叉口处铁路轨道面标高为41.50米，小吴门中心路面标高45.94米，清水塘街口路面标高44.30米；而且按照铁道部门的要求，并参见人民路铁路跨线桥下净高确定，跨线桥下净高不宜小于5.8米；同时考虑到跨线桥中心点至小吴门交叉口街心距离约105米，距清水塘街口270米，因此市城建局要求跨线桥纵坡不宜大于2.5%。由此综合考虑，可以初步确定设计桥高和桥梁纵坡。

吴同志还对修建八一路跨线桥提出了三条建议：

1. 跨线桥孔数不宜选择单孔形式，而宜采用连续多孔形式，以降低路堤高度；

2. 多孔桥梁不宜选择等跨形式，而宜采用不等跨形式，以期达到美观的效果；

3. 桥面的人行道宜采用与长沙湘江大桥相同的悬臂式，以减小桥墩宽度。

这次我来市城建局拜访，收获颇大。回指挥部汇报以后，首长要求我们设计组承担八一路跨线桥的设计任务。随后，我与唐永兴商量，考虑到八一路跨线桥的设计方案与我们设计组原有河东引桥设计方案基本相似，而且在设计河东引桥方案时，我们已对18米、20米、23米、27米、30米、35米等多种跨径的双曲拱桥做了详细的技术、经济比较，因此，将这些方案灵活应用于八一路跨线桥就十分容易了。

唐永兴认同我的意见。于是，我们初步确定先从河东引桥设计组选三位同志组成八一路跨线桥设计小组，由他们具体负责该桥的初步设计任务。

1972年8月23日，我们组织了八一路跨线桥设计方案专题讨论会。会上，设计小组汇报了设计该桥采用的基本技术指标和已经做出的八个初步设计方案。

该跨线桥采用的主要技术指标，如桥宽和设计荷载等，与长沙湘江大桥主桥完全相同。八个初步设计方案的桥长按照140米计算工程概算，两端路堤接线另计150米（工程造价另计）。路堤挡墙的高度小于 3 米，桥面纵坡为 2.5%。

其中的四个方案分别为：

1. 桥跨布置：23 米 +34 米 +23 米，桥长 100 米，两侧挡墙共 40 米，需资金 64 万元，劳动力 16 万个工日。

2. 桥跨布置：3 孔 23 米，桥长 93 米，挡墙 47 米，需资金 61 万元，劳动力 15.9 万个工日。

3. 桥跨布置：18 米 +20 米 +25 米 +20 米 +18 米，桥长 125 米，挡墙 15 米，需资金约 78 万元，劳动力 16.5 万个工日。

4. 桥跨布置：1 孔 34 米，桥长 54 米，挡墙 86 米，需资金 41 万元，劳动力 14.2 万个工日。

通过以上方案比选，设计小组推荐采用方案一。三材的用量为钢材 70 吨、水泥 1250 吨、木材 500 立方米。他们同时建议在保证桥下铁路行驶安全的前提下，采用有支架施工的方法修建该跨线桥。

会上大家畅所欲言，对于已选定的桥型方案，建议广泛征求意见，尤其是要征求铁道管理部门的意见，以确保铁路通行安全。并且，大家觉得需要抓紧地质钻探工作，充分掌握地质资料，确保基础工程设计准确。会后，我们立即向指挥部首长做了汇报，得到明确指示——同意八一路跨线桥主要技术指标与长沙湘江大桥主桥相同。我们继续桥型方案比选，并立即安排地质钻探工作。

随着长沙湘江大桥工程即将建成通车，遵照市委指示，大桥工程指挥部下面正式成立"八一路跨线桥工程指挥部"。我们也立即增加了设计组人员。

1972 年 9 月 22 日上午，我们又一次召开了八一路跨线桥方案讨论会。会上，设计组详细介绍了在桥位轴线左右两侧钻孔的地质钻探结果，并在征求铁道部门意见的前提下，确定了桥下净高：在火车钢轨的轨道顶面标高 41.50 米以上，净高为 6.55 米 +0.20 米（安全值），合计 6.75 米。

设计组在此基础上又补做了新的桥型方案：

1. 桥跨布置：27 米 +34 米 +27 米。

2. 桥跨布置：30 米 +34 米 +30 米。

3. 桥跨布置：3 孔 34 米。

4. 桥跨布置：3 孔 30 米。

对此，大家又做了进一步的分析研讨，建议结合施工现场的准备情况，进一步修改补充。

1972 年 9 月 30 日，长沙湘江大桥正式通车以后，结合参加修建大桥的施工单位的建议：尽量利用大桥已使用过的模板支架等材料，这样可以加快施工进度，节约施工经费。因此，八一路跨线桥设计组又重新修改了设计方案。

1972 年 11 月 7 日，我们又一次召开了设计方案讨论会。通过充分讨论，我们基本确定采用 3 孔 30 米桥跨结构，这样可以充分利用原有引桥所采用的模板支架，可以加快施工进度。

设计组重新结合小吴门施工现场的情况及施工单位的意见，确定了八一路跨线桥的基本方案：全桥长 114 米，采用 3 孔 30 米桥跨结构；东、西引道共长约 250 米，东侧桥台采用沉井与钻孔灌注桩基础组合式施工方案，与八一路干线

认真贯彻省、市委指示精神　进一步搞好城市建设

八一路跨线桥开始动工兴建

成党和人民交给我们的光荣任务。 | 鼓干劲，争上游，以新的战斗姿态，完 | 快动工。广大建桥指战员热情高，决心 | 行房屋拆迁等工作，使跨线桥工程能较 | 方面也积极支援跨线桥的建设，有关 | 命精神，抓紧各方面的准备工作。有关 | 工任务之日起，大家以"只争朝夕"的革 | 兵、技术人员和干部，从承担设计、施 | 参加建设八一路跨线桥的工人、民 | 挥部。 | 委指示，在湘江大桥工程指挥部下 | 市委指示，已专门成立了八一路跨线桥工程指 | 面，已专门成立了八一路跨线桥工程指 | 路干线接通，西边与建湘路衔接。 | 东西引线长二百五十多米，东边与八一 | 出决定，兴建好城市跨线桥。 | 八一路跨线桥全长一百一十四米， | 委作 | 要。因此，省、市委作 | 会主义建设的发展需 | 影响。为了适应社 | 小，也对交通安全带来一定 | 通带来许多不 | 坡度较大，加之马路平曲线半径 | 时，汽车、行人均须暂停通过， | 道。过去由于公路与铁路交叉，火车经 | 八一路是贯穿我市东西的交通要 | 已开始动工兴建。 | 设，经过积极准备，我市八一路跨线桥 | 设，为了进一步搞好城市建 | 委的领导下，在省、市 | 在毛主席革命路线指引下，在省、市 |

图 8-3-1　1972 年 11 月 10 日，《大桥战报》上八一路跨线桥正式动工兴建的报道。

接通；西侧桥台采用独立沉井基础施工方案，与建湘路衔接。

　　方案在经认真讨论后，随即被上报至指挥部，经审定批准后，设计组立即组织完成了施工图设计。1973 年，八一路跨线桥正式动工兴建（图 8-3-1）。在全体建桥指战员日夜奋战和有关单位的大力支持下，八一路跨线桥于 1975 年顺利完成建设。后于 1991 年 1 月，顺利拆除桥下市区铁路线。

全省经验交流会

1972 年 9 月初，湘江大桥即将顺利建成通车。一天，指挥部政治部首长召集部分人员开会，传达省委通知的相关内容：湖南省即将召开全省规模最大的一次工业、交通、企业、基建单位的政治工作经验交流会议，长沙湘江大桥组是大会重点交流单位。

大桥指挥部党委对此极为重视，经研究决定组成"大桥代表团"，并加入长沙团。

长沙团的组长是李江鸿（长沙警备区副司令员），副组长是冯文（市革委会政治部副主任）。

长沙湘江大桥代表团成员共有八名，他们是王伟中（大桥指挥部副政委）、周义武（设计组副组长）、王者兴（大桥五处一队副队长）、杨顺香（大桥民兵团学雷锋女子民兵班班长）、于浩民（省机械化施工公司副队长）、朱连春（省陆运公司副主任）、汪明焕（市城建局副书记）和李玉城（大桥民兵团四营党支书、市房屋修建公司副书记）。这八名代表中，前四名作为大会发言人，分别来自政工（1人）、设计（1人）和施工（2人）单位。大会发言稿由政治部宣传组负责组织人员编写，具体内容由各相关部门提供。

我作为大桥设计组的技术人员和知识分子代表，非常荣幸地参加了这次会议，并做了大会发言。

这次湖南省工交基建企业政治工作经验交流会议规模很大，是"文化大革命"后期全省第一次大型会议，省里非常重视。当时全国经济渐渐复苏，外交形势趋于平稳，一切都在慢慢地转入正轨，正所谓百废待兴。为了提振工交战线的战斗力，交流工作经验，巩固和发展大好形势，省里决定召开这次大会。

根据会议通知（图8-4-1），10月22日晚召开各地市大组的预备会。正式会议安排在10月23日至31日召开。

全省各地市按照要求，组成代表团（如长沙团121人，湘潭团122人）参加会议。被选定的有关单位也都极为重视这次大会，为筹备大会的召开做了大量准备工作。这次与会人员众多，大会报告的面很广，内容极为丰富。

据统计，参会人员共有1111人，其中各地市负责人76人，县区镇109人，中央省属企业220人，国防系统87人，交通系统40人，基建系统348人，专市骨干企业184人，特约单位和个人47人。另有会议工作人员200多人。大会的主题发言多达100多个。

这次大会安排在长沙市东塘附近的湖南省第二招待所举行。这个招待所很大，可以容纳3000人住宿。按照会议通知，我们要自带粮票。当时每人的伙食按标准是每天八角钱，会议主办方补贴四角，自己交四角。粮食按代表自己原有的定

（a）

（b）

（c）

图 8-4-1 大会会议通知
（a）、发言稿（b）及出席
证（c）。

量标准上交，我们的标准是每天九两，所以，九天会议，我们每人交了三元六角钱和八斤一两粮票。

九天会议安排得非常紧凑，白天、晚上都有活动，有大会发言、分会发言、大组或小组讨论会，还有参观展览等活动。

大会安排了四天的经验介绍日程。作为当时省里的第一个重大项目，长沙湘江大桥受到了大会的特别关注与其相关的经验介绍也得到了大会的特别安排。第一天全体大会，上午就安排我们大桥组做集中发言，我们四人就分别在大会上做了总结介绍和汇报。

首先，大桥指挥部副政委王伟中同志代表大桥党委做了题为"以路线为纲，多快好省建设大桥"的发言，发言中着重强调了大桥党委如何重视技术人员、充分发挥知识分子的聪明才智的经验。

紧接着，我代表大桥设计组向大家汇报（图 8-4-2），发言题目是"用唯物论的反映论指导设计"，主要介绍我们

是如何通过调查研究，从实践中学习，按照"精心设计"的精神进行大桥设计的。

随后，大桥民兵团学雷锋女子民兵班班长杨顺香做了题为"学习雷锋好榜样，大桥工地练红心"的发言。发言中，她介绍了她们在大桥建设中是如何以"一不怕苦，二不怕死"的精神战胜困难的感人事迹。

最后，大桥五处的老工人王者兴发言，他的题目是"以大庆铁人精神为榜样，为社会主义建设大桥"，他主要介绍了他们是如何处理好四号墩沉井事故，使大桥工程建设转危为安的经验。

会议期间，大会还组织代表们参观了同时在省展览馆里举办的"工业学大庆"展览。当时，长沙湘江大桥有单独的一个展室。记得当我们一行人到达大桥展览室时，正在接待并讲解的工作人员对我们说："就由你们自己来介绍吧，你们比我更熟悉。"于是，在大家的期许下，我和王者兴师傅向大家做了讲解（图 8-4-3）。

大会期间，省广播电台要为这次大会做一个专题节目，我又应邀去省广播电台重录了一次。节目播出后，我岳母收听到了这个广播节目，又惊又喜，还专门写信把这件事情告诉了我在外省的妻子。

图 8-4-3　在全省经验交流会期间，作者在展览馆内向参会代表详细介绍了大桥工程的设计和施工情况。

特殊的到访者

1972 年初春的一天，大桥指挥部负责人突然通知我，说近期将有一位北京来的老同志到大桥来参观视察。首长指派我负责具体的接待准备工作。

我迅速拟订了一个小型展示室的方案和大桥总体设计施工的汇报提纲（图 8-5-1），并将其送上去报批。几天后，指挥部通知我说，上报材料已通过审批，指挥部指派我负责具体落实。展室布置可与二分指配合，其他问题由指挥部解决。

我立即行动起来。二分指也非常支持，当即抽调了几个木工配合展室的布置。我挑选了一些有代表性的大桥设计图纸和照片，就在临时展览室（橘子洲上靠近桥址的原外国领事馆内）着手布置起来。展览室很快准备就绪。

几天后的一个上午，我接到指挥部首长的指示，立即赶赴橘子洲上的大桥工地，在我们预先布置的大桥展览室等候，准备接待工作。

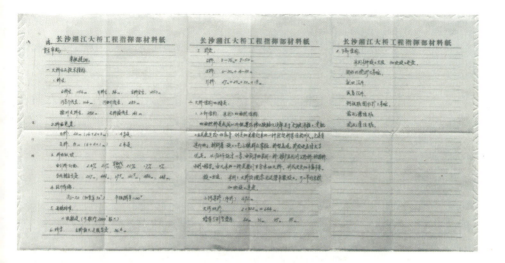

不久，在省军区杨大易司令员等省领导和大桥指挥部指挥长李玉亭等人的陪同下，一位身材清瘦、慈眉善目的老先生来到了橘子洲大桥工地。大家进入展览室落座后，李玉亭指挥长向在场的人员介绍说，王季范老先生来视察我们大桥和看望大家了……话音刚落，大家都非常兴奋，并报以热烈的掌声。当年，我们早已从宣传报道中知道王季范老先生（1885年—1972年）在新中国成立前长期住在长沙。

随后，李玉亭指挥长把我介绍给王老先生，说这是我们大桥设计组的负责同志，将由我向王老先生做大桥设计与施工的简要介绍。

于是，我将事先准备好的内容，就着墙上挂的总体布置图和照片，简明扼要地做了介绍。其间，王老先生一直认真聆听，频频点头，兴奋地操着浓郁的家乡口音说道："很漂亮啊！"

之后，王老先生还关心地问了一些问题，比如，桥高是

图8-5-1　本汇报提纲是作者根据大桥工程指挥部首长要求，为接待上级领导视察或各地来访大桥客人时做介绍而准备的。它全面概要地介绍了大桥工程的规模和主要技术指标。

怎么选择的，造价是多少，还有没有什么困难等。听完介绍后，大家移步室外，走到馆外靠近桥址的土坡上，一面观赏大桥，一面继续听我介绍。

这时，湘江大桥的雏形已呈现，东西两岸的主桥和橘子洲支桥的下部构造都已经施工完毕，全桥正在进行上部结构的施工。面对如此壮观的施工场面，王老先生十分兴奋。我也一直陪在王老先生身边，回答他不时提出的问题。

因王老先生年事已高，加之天气寒冷，不宜久留，随行人员劝王老先生早些回去休息。王老先生听取了建议，带着愉快的心情向大家告别。同时，他还亲切地嘱咐大家要注意安全！我也激动地说："感谢王老对我们大家的关心！"

这次接待，给我留下了难以忘怀的回忆。

王老先生曾是民国时期著名的教育家，并积极支持革命运动。他一生忧国忧民。新中国成立后，他还多次当选为全国人民代表大会代表，并提出"用贤才、立法制、崇道德"的治国方略，供国家决策层参考。他提出的多项建议，如修建成昆铁路，提倡中西医结合等，都起到非常好的资政作用。

没想到离乡多年的王老先生能亲自造访家乡的湘江大桥，这也是大桥的荣幸！

建桥育人，支持教改

　　长沙湘江大桥的修建，正值"文化大革命"时期，当时，大专院校均由军宣队和工宣队统一领导，系和专业一律改为连队建制。各大学早已停止招生，最后的64、65级学生也全部毕业离校。大学教育处于空档期。当时小学改制为五年，中学为"2+2"制，即初中、高中各两年。

　　当年，中央提出学校从招生、学制、考试、升级、留级和教学内容等方面对教育进行改革，明确要求新的教材必须紧密结合生产实际。于是，全国高校都组织教师去工厂、工地参加生产实践活动，并结合实际，收集资料，编写新的教材。中学也大力组织学生参加社会实践，学以致用。

　　长沙湘江大桥工程属于正在进行建设的大型工程项目，在国内影响很大，因此吸引了许多道桥专业的单位和院校人员来工地参观和收集资料，同时也为省市内青少年提供了科普学习的"活教材"。

　　"支持教改"被视为一项重要的政治任务，大桥指挥部首长非常重视。王蔚琛副指挥长早年也是土木工程专业毕业的，对教改十分支持。考虑到我是从学校来的，又是设计组负责人，指挥部就指派我具体负责此项接待工作，协调参观事宜，接待来访人员，回答他们提出的问题，给他们提供所需要的图纸和资料。

1971年7月12日、13日两天，我接到湖南大学土木工程系的通知，回校做了一次汇报，参加者均为与大桥工程有关的道路、桥梁、工程结构、工程地质、地基基础、建筑材料、施工、测量和制图等专业教研室的老师们。

会上，我首先将大桥设计方案的比选过程做了详细的说明，然后，结合各专业教研室的特点，将大桥设计中涉及的有关内容做了介绍，如大桥桥址处的地质水文情况，大桥的总体规划，桥头接线的合理布置，大桥主桥、河东引桥和橘子洲支桥的结构设计和基础形式、施工方法的合理选择等。通过我详细的介绍，老师们对长沙湘江大桥的设计和施工有了较全面的了解和认识。

当时，湖南大学的老师们都在参加教学改革，准备编写新教材，迎接当年秋季70级工农兵学员。学校与大桥指挥部联系，拟派一支教改小分队来大桥施工现场常驻，以便通过对大桥工地的深入了解，收集教改所需的资料。

不久，湖南大学土木工程系便派来了道桥教改小分队，它包括了道桥专业课和基础课的老师们，其中有姚玲森、刘孝平、刘光栋、李存权、朱志仁、刘钟敏、倪江华、邓德全、邹永廉、饶天赞和谢美淼等十几位老师。他们到了以后被安排住在橘子洲上的大桥工地宿舍，为编写新教材收集大桥的相关资料（图8-6-1）。

图 8-6-1 大桥设计组人员（部分）和湖大教改小分队教师合影（后排右 6 为作者）。

同时，上海同济大学也组织了教改小分队来大桥工地收集资料，他们中有肖振群、项海帆（1995 年当选为中国工程院院士）、范立础（2001 年当选为中国工程院院士）和徐慰慈等老师。

老师们深入工地了解施工情况，认真收集资料。

协助他们收集资料，是我义不容辞的事情，我也尽可能地给他们提供帮助。

多年后，教育部和交通部组织编写全国高校统编专业教材，在编写《桥梁工程》教材（一本由同济大学、湖南大学和福州大学合编，供全国桥隧专业人员使用；另一本由湖南大学编写，供全国道桥专业人员使用）时，我们将在长沙湘江大桥建设中收集的资料收入其中。

在这些教材里，我所负责编写的拱桥部分，就直接选用了长沙湘江大桥的部分结构图作为示例介绍。

这套教材的出版，是所有参与编写的老师们多年教学经

(a)

(b)

(c)

图 8-6-2 由交通部审订的全国桥隧与道桥专业使用的《桥梁工程》统编教材（a）（作者负责编写了其中的"拱桥"章节）和获奖证书（b），以及铁道部大桥局主办、国内公开出版发行的《桥梁建设》期刊（c）。

验的汇总，也是大家共同努力的结果。教材受到全国相关专业师生的普遍认可。其中，尤其令我们自豪的是，1988 年 1 月，我校编写（姚玲森主编）的《桥梁工程》教材，还被国家教育委员会评为全国优秀教材，并荣获"优秀教材奖"（图 8-6-2）。

当年，铁道部大桥局主办的全国桥梁工程顶级期刊《桥梁建设》，也派专人来长沙湘江大桥收集资料。我负责继续协助他们，为他们做详细介绍和提供所需要的资料，最后编写出的专题连续两期（1972 年第六期、1973 年第一期）在《桥梁建设》上刊载。

在大桥修建之初，由于大桥指挥部的组成人员大多来自省市机关，对桥梁工程技术内容不甚了解，为了方便今后的工作，指挥部首长指派我给他们普及一些有关桥梁工程，尤其是双曲拱桥的知识。

大桥进入全面施工的紧张时期，加强大桥工地安全保卫工作变得格外重要，但是大桥工地范围大，施工项目多，人员多，机具设备多，极易发生安全事故。工纠连担负着大桥工地的治安重责，如果大桥保卫人员对桥梁结构施工多一些了解，就能更好地理解大桥建设的意义和责任所在。1971 年 9 月 15 日，指挥部派我去给大桥工纠连做一次讲座。我着重讲了大桥建设的意义，介绍了大桥工程的基本知识，重点讲了哪些地方特别需要加强安保和注意安全等。这次讲座收到了工纠连很好的反响。

随着大桥工程进入施工的高峰期，工地热火朝天的情景，深深吸引着全市人民群众。长沙市教育系统行动得非常快，不少中学老师前来联系，希望深入了解大桥。

图 8-6-3　长沙市中等学校物理辅导站给大桥指挥部的介绍信。当年长沙市、湘潭市和株洲市多所中学主动与大桥工程指挥部联系，要求举行知识讲座。

　　1971年10月15日，长沙市七中罗士隆老师代表长沙市中等学校物理辅导站，带着介绍信（图8-6-3）来到大桥指挥部联系举办相关讲座介绍大桥工程建设项目的事宜。随后，指挥部首长告知办公室，以后此类任务都交给我，由我负责具体的接待任务。

　　我接到这封介绍信以后，就按照介绍信上的联系电话，与罗老师取得了联系。我们相约见面详谈，以便进一步明确报告会的目的和要求，做到心中有数，有的放矢。

　　当时大桥的上部结构正处于紧张的设计和施工阶段，要抽时间去讲课，无疑会占用很多时间，设计工作的压力也更大，但我还是欣然接受了这一任务。作为一名教师，"教书育人"是我分内的事情。我也常感叹，自己当年学中学物理、数学的时候，如果能有人给我们做理论结合实践的讲解，或者以理论知识为起点，展望一下未来，这将是多么生动的教学方式啊！

　　如今能去中学介绍一下桥梁工程，我责无旁贷，我觉得这是我应该去做的事情。

是否有人因湘江大桥与桥结缘？

1971 年 10 月 16 日上午，与罗士隆老师相约见面后，罗老师介绍了辅导站学习班的情况：参加人员是来自长沙市 60 多个单位的 100 多位中学物理老师，另外还有部分进修教师，一共约有 200 人。辅导站要求学员在接受再教育的同时，进一步提高业务水平，同时，他还介绍说，长沙市许多中学，如一中、七中等学校的师生都踊跃参加了大桥的义务劳动，都希望多多了解大桥工程的情况。因此，他特别希望能有一次有针对性的讲座。

讲座的时间安排在 10 月 20 日下午，地点在长沙市一中的大教室。

随后，罗老师与我商定了讲座的内容。他提出了几个重点：

1. 修建大桥的意义；

2. 修建大桥采用的新技术、新工艺，希望尽量结合教材中的力学等内容；

3. 介绍我国的建桥水平和最新成就，以及世界桥梁发展简况。

在接下来的几天里，我抽时间将讲座的讲稿做了认真准备。从内容到板书，我都做了精心挑选和设计，一心想在有限的时间内多讲述一些内容，希望板书能让大家一目了然，希望对老师们今后的教学有所帮助。

1971 年 10 月 20 日下午，我蹬上自行车，径直来到了市一中，准点到达了大教室。

这时，听课的老师们早已坐满了整个教室，大家都在静静地等候。当主持老师向大家做了简单介绍后，在一阵掌声中，我走上了讲台。当时，我的心情是既激动，又平静。激动的是，台下 200 多名中学老师，能从各学校赶过来聚集一堂听我的讲座，他们的求学精神难能可贵；平静的是，长沙湘江大桥工程的内容，我如数家珍，大桥的重要参数，我早已烂熟于心。

首先，我介绍了修建湘江大桥的重大意义，从政治意义到战略意义，从经济意义到人民群众的迫切需求。然后我介绍了大桥的各种技术指标，如桥长、设计荷载、通航、桥高、桥宽、跨径和纵坡等的合理确定，进而介绍了大桥的结构设计情况。

随后，我深入浅出地介绍了一般桥梁的结构形式、受力状态和特点，结合中学物理中的力学知识，用简明的受力分解图，一一做了解释。

从宏观到微观，我还介绍了各种构件在工作中的基本受力和变形状态，列举了梁桥和拱桥的受力区别，以及适用的建筑材料。如梁桥以受弯为主，建桥材料主要是钢筋混凝土、钢材、木材和预应力钢筋混凝土；而拱桥以受压为主，可以用圬工材料建造。我还着重介绍了当时流行一时的因国情局限应运而生的双曲拱桥，以及双曲拱桥的"化整为零"施工、"积零为整"受力和省时省材的显著特点。

此外，对大桥吊装施工中的力学概念，我也做了讲述，还介绍了大桥的桥墩形式和桥墩的各种受力状态，大桥基础的几种施工方法等。同时，我还着重介绍了我国桥梁建设成就，从1300多年前的赵州桥，讲到著名的武汉长江大桥、南京长江大桥等，也简要介绍了欧美国家桥梁的发展现状。

讲座持续了两个多小时，最后在热烈的掌声中结束。通过讲课中与在座听众的眼神交流，我感到大家对讲座内容有着浓厚的兴趣。课后，不少人意犹未尽地围着我提问题，给我反馈："真是讲得太好了！这样的讲座真该多办几次。"

大家兴致勃勃，我本来也想和大家多聊几句，不过瞧了一眼手表，我只能对大家说："对不起！我要赶回指挥部食堂吃晚饭了，太晚了就没饭吃了！晚上我还要熬夜加班，完成自己的设计任务！"大家虽有不舍，但也很理解，簇拥着把我送到教室门外。

我与大家告别后，赶紧骑上单车，一溜烟地向指挥部奔去。

没过几天，10月27日晚饭后，长沙市第五中学（现雅礼中学）的张国栋、杨静二位老师来到指挥部，代表长沙市南区（现已撤销）中学数学辅导站，邀请我去长沙市第五中学给老师们讲讲湘江大桥。他们希望通过大桥工程了解数学知识在桥梁工程中的应用，比如极大值、极小值、三角函数，平面几何，立体几何，解析几何中的矢量和坐标，以及函数、高次方程等知识在大桥中的应用，也包括在力学问题中，如何结合数学进行计算等。

我根据他们的要求，结合湘江大桥工程实践，在原有讲稿上，着重针对中学数学教学做了增补。

11月10日下午，我按约定时间来到东塘的长沙市第五中学。在讲座中，我结合桥梁施工中大量的实例，如基线丈量和经纬仪测角，应用三角函数计算河中桥墩的位置，测量桥墩上吊装塔架的高度，拱肋放样，计算拱桥圬工数量等，说明了数学、力学知识在桥梁工程中的广泛应用。讲座内容引起了大家极大的兴趣，大家纷纷感叹，想不到生活中处处都有数学；感叹如果在设计中粗心大意，将铸成千古恨；感叹"文化大革命"中盛行一时的"读书无用论"是多么的荒唐。

举办长沙湘江大桥科普讲座的消息不胫而走，短时间内，长沙许多中学都想举办类似的科普讲座，市教育局不得不安排分区进行。在接下来的日子里，我的工作更为紧张，不仅要做好自己在大桥工程的分内工作，还要抽时间去办大桥科普讲座。

从1971年10月到1972年5月，我在长沙、株洲、湘潭三市先后做了十余次讲座。如1971年12月1日下午，我应邀在长沙市四中，向北区教师进修学校等中学数学老师介绍了大桥的情况；又于1972年3月26日下午应湘潭市物理辅导站的邀请，5月2日下午应株洲市中学物理数学辅导站的邀请，结合数学、物理等知识介绍了大桥工程情况。

参加这些讲座的听众大多数是中学的数学和物理老师，也有在校的高中学生。为了做好这些讲座，我不敢有丝毫怠慢，总是认真地准备和讲解，心想自己不能做误人子弟的事。

有一次给高中生做的讲座，我印象特别深刻。

那是 1971 年 12 月 1 日，湖南师范学院附属中学万忆留老师联系我，希望我去师院附中向高中一、二年级的学生介绍湘江大桥建设的意义、建桥指战员的优秀事迹和文化科学知识等。

12 月 4 日下午，在师院附中的那次讲座的过程中，讲台下寂静无声，没有人任意走动，没有人交头接耳。同学们对新知识的兴趣和渴望，深深地打动了我。讲座结束后，不少学生上前来和我交流，并说："听君一席话，胜读十年书啊！"这真是令我十分欣慰，作为老师，得到学生的肯定是最开心的事情，我觉得自己的付出是值得的。

当年，我因为热爱武汉长江大桥而走上了"学桥""建桥"的道路，一晃近 50 年过去了，当年坐在那里听课的学生们，现在都已经是爷爷奶奶辈的人了。他们中有没有人因热爱长沙湘江大桥而成为桥梁工作者？

如果有，那是多么令人欣慰的事情啊！

最值得怀念的日子

从 1970 年 10 月初参加长沙湘江大桥工程筹建工作开始，
到 1973 年 2 月初完成《长沙湘江大桥工程技术总结（初稿）》
编写工作后离开，我在长沙湘江大桥工作了两年零四个月
（800 多个日日夜夜）。现在回想起来，这项工作大致可以
分为四个阶段。

第一个阶段是长沙湘江水下隧道的设计阶段。1971 年 5
月，大桥由"水下隧道"方案改为"水上桥梁"方案，这就
进入了第二个阶段，即长沙湘江大桥设计阶段。在此期间，
我们完成了大桥的方案设计和部分施工图设计。1971 年 9 月
6 日，长沙湘江大桥正式动工兴建，这又进入了第三个阶段，
即"边设计边施工"的阶段。这个时期，随着大桥工程全面
施工，设计组的工作是随着各个施工项目的动工，不断完成
并完善全部施工图。

1972 年 9 月 30 日，大桥胜利建成通车后，工作又进入
了第四个阶段。这个时期设计组还要继续完成大桥尚未完成

的收尾工程和新增项目（如八一路跨线桥等）的设计工作。按照指挥部首长的要求，我主持编写的《长沙湘江大桥工程技术总结》，到1973年1月完成了初稿，这时，我的任务基本完成了。1973年2月初，我告别了大桥指挥部回到湖南大学。

这800多个日日夜夜，是我人生中最值得怀念的时期。

在这些日子里，我总的感觉是，我们设计组的同志不仅是在一种团结紧张的气氛下废寝忘食、任劳任怨地工作着，也是在一个没有任何个人欲念的简单有序的环境中过着一种充实的生活。

当时，长沙湘江大桥指挥部的各级主要领导，几乎都是来自部队的首长。他们对大桥工程极其负责任，也非常爱护和尊重我们这些年轻的技术人员。在工程项目设计和施工过程中遇到了问题，他们会明确地告诉我们，只要我们能够说得出道理，能够说服他们，他们都会尊重我们的意见。

事实上，他们说到也做到了这点。

部队首长们勇于担责、礼贤下士的作风是令人难忘和钦佩的。特别是在4号墩沉井出现了大事故的情况下，他们将责任承担了下来，对技术人员没有一句责备的话，对我们只有安慰和鼓励，只是要求大家集中精力想办法解决问题。作为技术人员，我们深深感念这种知遇之恩，会放下思想包袱，不会因为怕犯错误而故步自封，也不会明哲保身地应付差事，而是全身心投入到工作中，一心想着怎样把工作做得更好。

当时，我们设计组的人多，且来自不同的单位（图8-8-1），开始都不熟悉，但相互之间没有戒备和猜忌，对派发下来的任何工作，每个人都尽心尽力地完成，并配合其他人员的工作。

图 8-8-1　作者与设计组同事合影（下图从左到右依次为作者、程翔云、陈满成、王哲枢）。

由于大桥工程是"边设计边施工"，经常需要根据施工情况修改图纸，工地通知说哪个地方要改，哪个人去改，我们马上就派人去工地现场修改。我们设计中很多细节的处理都是在现场经反复斟酌、修改完成的。

　　大家从来没有一句怨言，说熬夜就熬夜，说改图就改图；人与人之间，领导与群众之间，工人与技术人员之间，大家非常友善，相互尊重，相互协调。在这种良好的环境下，我们的工作效率很高，工作起来也很愉快。

　　当然，在设计工作中，为了把大桥设计得更好，我们难免会有争论。从方案选择到设计施工，期间有各种不同的方案和意见出现，甚至是激烈的争执。但是，设计组有一条公认的基本原则，就是在设计过程中，我们讨论任何问题，都只对事不对人。大家都明白，争执只是为了一心一意地把大桥的设计搞好。大家互相之间只有理解和支持，而没有相互踩挤。

　　设计组的工作气氛一直是非常好的。

清平乐

　　当时，我们大桥设计组也不例外地要参加政治学习，只是每一次学习的时间比较短。我们也需要听各种政治报告，学习上级下发和报刊发表的文件。每个月有一次小组的民主生活会，每半年有一次个人总结。

　　为了统一思想认识，反映大桥建设者的精神风貌，大桥

图 8-8-2 《大桥战报》是大桥工程指挥部主办的内部刊物。当时的群众及建桥指战员可以通过《大桥战报》及时了解大桥建设进展情况。

指挥部政宣部还编辑出版了《大桥战报》（图8-8-2）以及专刊《橘洲飞虹》。《大桥战报》和《橘洲飞虹》刊登了很多反映工地指战员工作、生活情况的文章。

在编辑过程中，政宣部也曾向我们征稿。

当时，《橘洲飞虹》有一篇文章反映的就是我们设计组的情况。其中，设计组组长取名"周卫桥"，据他们说这个组长以我为原型编写的。我当时一看，虽然写的内容和我们设计组的事情接近，但是，这个组长"周卫桥"的出身就跟我完全不同，而且文章说我们冬天熬夜用冷水洗头。我们熬夜是真，但从不用冷水洗头。当时，我就跟他们提出了异议。不过他们解释说，这只是一篇文学作品，不是新闻采访报道，不必太较真。文学作品中的典型人物的确是可以塑造的，文学作品源于生活也高于生活，对此我也就不好说什么了。

同时，在编写《大桥战报》的过程中，他们也多次邀请我给予支持，我也就应邀按照他们的要求，送上了一些时令短文，例如《虚心向群众学习，深入调查研究》《调查研究，搞好设计》《我国工人阶级创造的双曲拱桥》等。

在春节、元旦等节假日时，政宣部都要编写板报，他们也会向我约稿，我也不扭捏，写了一些小品文章或打油诗、顺口溜什么的。当然这些都谈不上是大雅之作，只是有感而发写成的。写完了我就交上去，支持他们的工作，供他们选用。例如，在纪念"八一建军节"的时候，我就写了一首《清平乐·庆八一》。现在读起来，这首诗的年代感倒是很强烈。

清平乐·庆八一

欢庆八一,

军民齐团结,

高举红旗朝前跃,

环球同迎春色。

人民英雄军队,

主席思想武装,

军民鱼水情深,

天下谁人能敌!

在 1971 年国庆节时,我又为板报写了一首七律《欢庆国庆》。

欢庆国庆

东风劲吹红旗展,

凯歌奏迎国庆来,

二十二年光辉道,

中华千史写新篇。

雄文四卷指航向,

神州八亿永向前,

革命风雷五洲卷,

国际歌声震宇寰。

1971 年春，我们已经初步完成了隧道方案的设计工作，在等待省委领导对下阶段工作的具体指示。这期间，为继承和发扬人民子弟兵紧密联系人民群众的光荣传统，指挥部首长在抓政治理论学习的同时，抓紧时间组织大家去长沙郊区农村支农。

1971 年 4 月 23 日，指挥部首长派我去长沙县五美区联系插秧劳动的有关事项。我便与五美区领导小组组长陈伯康同志以及县委委员、赤霞大队党支部书记陈早希同志联系并商定，我们指挥部将派去 38 个人参加插秧劳动。

我们必须分散住在贫下中农家里，与他们同吃、同住、同劳动，而且必须按照各自的粮食定量和伙食标准交钱、交粮票。

通过联系，我们去的是长沙县五美区河田公社赤霞大队，被安排在张家湾生产队和高田生产队，与贫下中农同吃同住。当时高田生产队共 23 户人家，122 个人，全劳动力 21 个，稻田有 882500 平方米。我们 38 个人分成三个班，分别住在不同的贫下中农家里，在那里一共参加了三天的插秧劳动。

除了政治学习，指挥部首长也很关心我们的文化生活。1972 年初，长沙市考古工作者发掘了距今 2000 多年的西汉初期的马王堆汉墓，轰动了世界。当墓葬物品从马王堆移至省博物馆进行内部展览时，我们就在指挥部首长带领下参观了博物馆，有幸目睹了刚刚出土却保存完好的西汉古尸，还有重量不到 50 克的国宝"素纱禅衣"，以及其他大量陪葬品，包括帛书、帛画等珍贵文物。

我们可能是马王堆出土文物最早的一批参观者吧。

返回学校

1972 年下半年，大桥主体工程建设即将完成，我们的工作已进入工程建设的后期。设计组的工作明显减少，开始进入整理资料的阶段，设计人员也陆续返回原单位。

那时，工程指挥部首长很关心大家的生活。首长听说参加大桥工程的长沙工交团、财贸团里有很多原省市篮球队的退役队员球打得很好，就把他们组织起来，成立了大桥篮球队。他们看我是从学校来的青年老师，就拉上我，让我在篮球队当场外指导。

我们这个临时组成的篮球队，就在指挥部里的球场上训练起来，磨合打法，然后在工程闲暇之余或者晚饭之后，到长沙市工人俱乐部或者一些工厂打友谊赛。当时，大桥指挥部篮球队还是挺出色的，友谊赛屡屡都能取得很好的成绩。

在一次晚饭后，我们自己打篮球玩。当我跳起来抢篮板球时与另一个队员发生碰撞，落地时把脚碰伤了，脚掌外侧发生了小小的骨折，正好当时我们大桥指挥部对面就是长沙市中医院，他们立刻把我送到了中医院急诊。所幸这个时候大桥工程建设工作已经基本结束了，我们都已进入工程总结阶段，这个小事件对工作也没造成太大的影响。

在最后这个阶段，虽然生活依然清苦，但大家过得很愉快。

时间转眼便到了 1973 年 1 月初。

1 月 9 日，我把湖南大学的通知转交给了指挥部，学校

图 8-8-3 作者主持编写的《长沙湘江大桥工程技术总结（初稿）》。

要我回去上课了。不久工程部龚义臣部长与我面谈，他代表指挥部对我的工作表示赞赏，希望我能够再留一段时间帮助完成最后的一些工作，我当即表示服从组织安排。

当时，我们已经基本完成了《长沙湘江大桥工程技术总结》的初稿（图 8-8-3），准备将其出版。其他的工作也基本结束了。到了 1 月底，我与龚义臣部长商定，《长沙湘江大桥工程技术总结》的正式出版由指挥部首长做决定。我留有的资料，由设计院留下来的吕邦杰同志接手。

另外，我还提出几个建议，比如，我当时发现《长沙湘江大桥工程技术总结》的初稿里面还有一些漏字、错字或不确切的地方，希望编写一个"勘误表"。龚义臣部长同意了这个提议，说这些由吕邦杰他们去完成。最后，我请求指挥部允许我为湖南大学晒一些图纸，供今后教学做参考。这些图片将由湖南大学土木工程系资料室保管。出于对学校工作的支持，龚部长也毫不犹豫地答应了（可惜的是湖大土木工程系大楼在 20 世纪 80 年代遭遇了一场大火，资料室不少档案在那场大火中受损了）。

图 8-8-4 作者 2019 年重返湖南大学土木工程系（现土木工程学院）留影。

接下来，我就抓紧时间整理好所有的资料，包括大桥上、下部结构的有关计算书，主桥、橘子洲支桥和河东引桥等的有关资料，并将它们交付给吕邦杰。直到 2 月初，我才完成所有工作，并与留守的同志交接了后续的工作。

到了和大桥指挥部告别的这一天，指挥部王蔚琛副指挥长和龚义臣部长都希望我回到学校后，能够在学校继续做出贡献。我也对指挥部领导和同志们的帮助、支持表示衷心的感谢。

两年零四个月，我终于完成了在湘江大桥的所有工作，返回了学校（图 8-8-4）。

特殊年代里的城市记忆

长沙湘江大桥的建成通车，在国内有着很大的影响，并得到了多方赞誉。

1978 年，中华人民共和国邮电部发行了一套以我国著名的公路拱桥为特色的纪念邮票——五枚 T.31 公路拱桥邮票和一枚以公路拱桥为特点的小型张邮票 T.31M。这个小型张邮票名为《公路拱桥——长沙湘江大桥》，就是以长沙湘江大桥为图案原型的（图 8-9-1）。

1978 年，由长沙湘江大桥首创并取得成功的"双跨连续缆索吊装施工方法"获得了湖南省科学技术奖励大会的奖励。

1980 年，作为全国最大的钢筋混凝土双曲拱桥，长沙湘江大桥获得了我国第一届"国家优秀工程设计金质奖"。

20 世纪 70 年代，在我国对外开放和中日邦交正常化以后，一支日本桥梁考察团来我国考察。当来到长沙，看到这样一座具有中国民族风格的，与长沙的山水洲地形地貌如此协调的大桥时，他们十分赞赏。尤其是听说这样一座规模宏

大的大桥只用了一年时间建成，他们更是惊叹不已。

1981 年 10 月，长沙湘江大桥设计又获得了国家建设委员会颁发的"七十年代国家优秀设计项目奖"。当年，评审会做出的评语是：

"湖南长沙湘江大桥总体设计与湘江景观协调，获得中外人士的好评。双曲拱最大主孔采用 76 米，跨径适当、安全经济。并按坡拱设计，桥型美观，又照顾通航能力。下部结构因地制宜，采用多种基础形式，加快工程进度，节约投资。"

在从筹建到建成通车的两年多时间里，长沙湘江大桥工程的全体建设者，以对国家和人民负责的态度，以"精心设计""精心施工"的负责精神，建成了这座大桥，没有辜负全省和全市人民的信任和重托，圆满地完成了自己的光荣使命，交出了一份令人满意的答卷！

长沙湘江大桥这样大的一个工程项目，建设期间正处于国家经济困难、施工设备严重缺乏的特殊年代。它的成功修建，无疑是一项令人瞩目和难忘的重要业绩。

我个人认为，长沙湘江大桥工程建设项目具有以下十个主要特点：

1. 规模大

大桥是一座 17 孔多跨连续的大跨径双曲拱桥，主桥全长达 1250 米。当时，它是全国正在修建的、规模最大的公路桥梁之一，也是当年湖南省 15 个重点基建项目之一。

2. 要求高

它被认定是一座战备桥、外事桥、革命桥和幸福桥。

3. 时间紧

1971 年 5 月 19 日，湖南省委决定改水下隧道方案为水上桥梁方案，要求当年 6 月完成方案设计，9 月 6 日正式动工，并要求在一年内建成大桥。因此，这对大桥的设计与施工都提出了极高的要求——必须"精心设计""精心施工"。

4. 造价低

当时，湖南省委明确要求，大桥总造价必须控制在 2000 万元以内。设计和施工在保证工程质量的前提下，力求利用本省、本地的建筑材料，加快施工进度，节约造价。

5. 对城市影响大

大桥两岸以及橘子洲正处于长沙城市中心区，工程共需拆迁 400 多户，其中包括轮渡公司和港务局等机关的房屋。另外，大桥修建还撤销了一个货运码头，当时该码头每天约有 15000 吨货物要转运，大桥的施工对其影响很大。

6. 施工场地小

由于桥址位于城市中心，只能在桥址附近狭小的地方进行施工，这对施工场地限制很严格。

7. 施工季节性强

由于要求一年建成，所有下部结构工程必须在一个枯水期内完成，所以施工季节性非常强。

8. 对通航影响大

主桥河东段的 1 号、2 号和 3 号墩，正处于枯水期的主航道上，而受施工机械设备的影响，通航净宽只能留出 30 多米。当时，湘江航道每天约有 5000 多艘船只通行。其中，客轮 26 个班次，运载人数达到 4000 多人。因此，工程对航道安全、航道维护的要求非常高。

9. 参加设计、施工的单位和人员多

当年，正式派出人员参加大桥建设的设计单位有 20 多家，技术人员年纪轻（基本上都是 30 岁左右），人数多达 100 多名。在工程施工最高峰时，正式的建桥指战员有近万人。例如，仅水木电技术工人，就从 19 个单位抽调了近 1000 人。

10. 参与义务劳动的单位、人员多

湖南全省尤其是长沙市的男女老少都以参加大桥义务劳动为荣，争先恐后地参加大桥劳动。据统计，大桥建设期间约有 580 家单位参加了义务劳动，共计 80 万人次。

由此可见，当年修建长沙湘江大桥是一项非常艰巨的任务。除了具备以上这些特点，当年大桥的顺利修建，还有以下几个有利条件：

首先，有湖南省党政军领导的重视和强有力的指挥。

第二，参加建桥的工人师傅们发挥了巨大的作用。当时如果没有专业队伍，没有特殊的技能，施工是无法如期实施的。尤其是沉井施工、潜水作业、大型缆索吊装工程等，这些复杂项目都是靠我们省市的专业队伍和大桥五处的骨干队伍完成的。没有他们的参与，大桥是不可能在一年内建成的。当年，

为了保证大桥的工程质量，加快建桥速度，不仅全体大桥建设者付出了辛勤的汗水，甚至还有人奉献出了宝贵的年轻的生命。

第三，有全市乃至全省人民的全力支持。当时修建大桥所需的材料，基本上都是湖南省自己供应的。其中，钢材主要是湘潭钢铁厂和涟源钢铁厂提供的，水泥主要是湘乡水泥厂供应的，特别是圬工材料，其选用的是长沙丁字湾最好的麻石……如果当时没有全省的支持，大桥也很难在一年的时间内建成。

另外，大桥工程建设义务劳动也起了很大的作用。在当时设备不足的情况下，只得利用"人海战术"搬土运沙。长沙市民把参加长沙湘江大桥的义务劳动作为一种荣誉，争先恐后地从四面八方赶来。甚至一度出现了因到来的义工太多，而施工场地又十分有限，指挥部的同志都不知道如何安排的局面……

第四，这也是全体设计人员不辞辛劳、日夜奋战、"精心设计"的结果。正是在多方的努力、配合之下，在所有参与者的无私奉献下，当年我们才能完成这样一项在外人看来几乎不可能完成的任务。

如今，长沙湘江大桥与长沙这座城相伴已近50年。尽管现在的交通量已远超当初的设计量，但作为一座桥梁，长沙湘江大桥依然在默默地履行它的职能。现在写的这本书，留下的这些文字，是我作为一个亲历者，对那段历史的追溯，更是对那段城市记忆的缅怀。

祝福长沙湘江大桥，以及它所居身的这座城！

后　记

　　《忆橘子洲大桥建设始末》一书终于落笔完成了。我如释重负，终于了却了自己多年来的一桩心事。因为于公于私，我都算有了一个交代。

　　我已侨居美国多年，早已进入安享晚年的人生时段。摆在案前的这一摞陈年的长沙湘江大桥工作日记和资料，尽管曾经随我经历了三次大搬家、八次小搬家，但是都未曾遗失。一看见它们，我就思绪万千。将那段封存的历史付梓成书，一直是我的一个愿望。

　　虽然在编写专业教材和撰写科研文章方面尚能驾轻就熟，但写回忆录，对我来说，却是一件既陌生又艰难的事情。这次能够在8个多月的时间内一气呵成，落笔成稿，源于2017年返回长沙，在参加长沙市的一次"老照片、老物件捐赠"活动中，长沙人民渴望了解大桥更多故事的愿望感动了我。作为亲历者和建设者的责任感催促着我，必须尽快把这段历史用文字书写下来，留给后人。

　　在完稿之际，我要衷心感谢我的家人，感谢他们在精神上给予我的全力支持和关心。

　　我深深感谢妻子叔梅，没有她的支持、协助和陪伴，我也不可能在短短的几个月内完稿。我在动笔之初，为构架章节，拟定标题而绞尽脑汁。200多个日日夜夜，我的思绪完全沉浸在半个世纪前的湘江大桥建设工地的回忆中。有时文思泉涌，有时冥思苦想，一直睡眠很好的我竟睡不安稳了……妻子就在我的床头安放了一个警铃，方便我这80岁老翁半夜突发紧急情况时求助。有时写作卡壳，她就鼓励我说："这是一本回忆录，是一本史料，是你保存数十年的工作日记里面的内容，如果你自己不整理出来就太可惜了。这是一段历史，现在不写，以后就更没有人可以写了。"她的话给了我莫大的鼓励。而且她还是我书稿的第一个读者、评议者和修改者。

我要感谢我的两个女儿——燕颉和茗颉，她们将这一次帮助我顺利完成这本回忆录，视为实现我的一个心愿的重大任务来完成。在我写作的全程，她们从书的筹划、架构，到内容的编辑和文字的修改，都倾注了极大的心血。

燕颉是湘江大桥的同龄人，同时也算是当时的小小见证人——她也为大桥工程做出过牺牲。

1970年，尚在襁褓之中的她，就因我要参加长沙湘江大桥工程建设，便（随奶奶）被我送回了老家重庆。1972年春节，她又随母亲和奶奶来长沙探亲，与我团聚，在大桥指挥部住了十来天。那时她还只是个幼儿，虽然一些事她不可能记得，但是她终归与长沙湘江大桥有过这么一段交集。在往后的日子里，她对长沙湘江大桥的关注度有增无减：她不时地给她的孩子讲有关长沙湘江大桥的故事，并专程带孩子们去长沙旅游，看长沙湘江大桥，讲外公修桥的故事。

　　我要感谢我的两个90后外孙女Vivian和Amy，她们总是饶有兴趣地听我讲大桥的故事，这也成了我写回忆录的动力。

　　我要感谢在长沙的亲人们，感谢他们对大桥的关注。只要有长沙湘江大桥的报道和相关消息，他们都会争相告诉我，甚至为我保留好当天的报纸。特别感谢妻弟季梅，他在我移居海外后，一直为我妥善保存所有长沙湘江大桥的老照片和资料，并为出版本书翻拍了许多照片。

　　我要感谢长沙规划展示馆和湖南长沙星辰在线，感谢他们举办的展览活动，使我保存半个世纪的老照片、老物件得以向长沙人民展示。我也衷心感谢长沙规划展示馆授予我"长沙规划展示馆荣誉馆员"的称号（图9-1-1）。

　　我要感谢长沙家谱图传媒工作室的马金辉先生及他的同事，他们为本书的策划、内容整理以及图片处理付出了大量的时间。

　　最后，我还要感谢湖南大学出版社为本书的顺利出版所做的全部工作（图9-1-2）。

　　本书涉及的史料，虽经反复查证，但因年代久远，难免有不妥之处；且本书未对大桥下部结构工程的设计施工方面做深入介绍。现在，长沙湘江大桥已被列入长沙市第三批历史建筑名单，因此我也衷心希望当年参加大桥建设的朋友们，一起来回忆、撰写自己的那段峥嵘岁月，这样可以让长沙湘江大桥的英姿更加丰满。

　　同时，我衷心恳请这段历史的参与者以及了解这段历史的读者批评指正。

图 9-1-1 2017 年 10 月 31 日，长沙规划展示馆为作者举行"长沙湘江大桥老照片捐赠仪式"，并授予作者"荣誉馆员"称号。

图 9-1-2 作者 2019 年在湖南大学出版社留影。

图9-1-3 作者伏案写作照。

这本书没有华丽的文字，但它能够在我耄耋之年完成，这让我感到十分兴奋和自豪（图 9-1-3）。

这个工程是长沙人民宝贵的精神财富，也是我们共同创造的一件世纪之作，我把自己对它的回忆写了下来，献给长沙。

向你致敬！长沙湘江大桥！

不知不觉，你也到了"知天命"之年！衷心祝福你能够健康长寿！

联系邮箱：ywzhou1958@gmail.com 1840251662@qq.com

周义武

于美国加州

2019 年 9 月 10 日

内 容 简 介

本书以长沙湘江大桥工程建设的重要时间节点为顺序，以作者本人在大桥工作两年零四个月的亲身工作经历，以及保存至今的建桥工作日记和相关资料为基础，用八个篇章，详细地讲述了当年长沙湘江大桥从筹建、隧道与桥梁方案比选、桥梁的设计和施工到编写《长沙湘江大桥工程技术总结（初稿）》的全过程。

本书刊出了许多珍藏的有关大桥建设的老照片，真实记载和披露了很多鲜为人知的往事和资料，并首次公开了100多位曾为大桥建设做出各种贡献的工作者的姓名，深情地讴歌了大桥建设者们的家乡情怀和艰苦奋斗的精神。

图书在版编目（CIP）数据

忆橘子洲大桥建设始末/ 周义武著. — 长沙：湖南大学出版社，2020.12
ISBN 978-7-5667-2066-5

Ⅰ.①忆… Ⅱ.①周… Ⅲ.①公路桥–桥梁工程–史料–长沙
Ⅳ.①U488.14

中国版本图书馆CIP数据核字（2020）第228939号

忆橘子洲大桥建设始末
YI JUZIZHOU DAQIAO JIANSHE SHIMO

著　者：周义武
策划编辑：卢　宇　　　**责任编辑：**廖　鹏
整体设计：梁颢蓝　　　**责任校对：**雷　英　　　**责任印制：**陈　燕
印　装：广西壮族自治区地质印刷厂
开　本：710 mm×1000 mm　1/16　　　**印张：**21.5　　　**字数：**242千
版　次：2020年12月第1版　　　**印次：**2020年12月第1次印刷
书　号：ISBN 978-7-5667-2066-5
定　价：128.00元

出 版 人：李文邦
出版发行：湖南大学出版社
社　址：湖南·长沙·岳麓山　　　**邮编：**410082
电　话：0731-88822559（营销部），88821315（编辑部），88821006（出版部）
传　真：0731-88822264（总编室）
网　址：http://www.hnupress.com
邮　箱：lplmyxty@163.com